學而時習之，不亦說乎？有朋自遠方來，不亦樂乎？人不知而不慍，不亦君子乎？其為人也孝弟，而好犯上者，鮮矣；不好犯上者，而好作亂者，未有也。君子務本，本立而道生。孝弟也者，其為仁之本與！巧言令色，鮮矣仁。吾日三省吾身：為人謀而不忠乎？與朋友交而不信乎？傳不習乎？道千乘之國，敬事而信，節用而愛人，使民以時。

歷史大人物：春秋

春秋

黃獎 著

序 一

　　中學時期，因為考試的關係，讀到錢穆先生的《國史大綱》，其中其扉頁的兩句說話特別讓我印象深刻。錢先生說：「當信任何一國之國民，尤其是自稱知識在水平線以上之國民，對其本國已往歷史，應該略有所知」、「所謂對其本國已往歷史略有所知者，尤必附隨一種對其本國已往歷史之溫情與敬意」，的確，這也是我讀中國歷史時的一種心情。尤其，最近幾年，我經常讀到一些「歷史虛無主義」的論述。

　　所謂「歷史虛無主義」，用錢先生的說法，可以理解為「視本國已往歷史為無一點有價值，亦無一處足以使彼滿意」。當然，要深入地論述這個源自哲學的名詞，並非三言兩語就可以解釋。但是，我們必須認知「歷史虛無主義」橫行的弊端──使民眾對既往之古人失去了同情、理解之心，也使人們對國家歷史失去了溫情與敬意，而本國之歷史也會由是消失於這洪流之中。

　　那沒有了歷史，又有什麼的壞處？

　　清人龔自珍有一句名言：「欲要亡其國，必先滅其史；欲滅其族，必先滅其文化」。沒有了歷史，文化也難以寄附，我們的國家、我們的民族也會失卻了精神氣魄。

那如何改變這個局面？

唯有讀歷史。它是對抗「歷史虛無主義」的良方妙藥。

英國思想家培根曾說：「讀史使人明智」。這無疑是一語中的的論述，可是又不免流於抽象。具體來說，學習歷史有三個好處：

第一，它能培養學生分辨真偽、去偽存真的本領。歷史事件發生的原因都不是單一，有遠因，有近因、有直接的，也有間接的，所以學生需要通過發掘史料、整理史料、分析史料等方法，把這些因素找出來。其中，也包括認知了正確的史觀，用合理的角度解讀該項歷史事件。而學生一旦養成這個思考習慣，日後就算面對一些生活難題時，也能自然而然地運用這些「發掘」、「整理」和「分析」的技巧，通過不同的資料，正確解讀信息。

第二，優秀的歷史故事能陶冶學習的情操，也能讓我們不自覺地學習了正確的價值觀。學習歷史，學生可以深入探尋過去的故事，而這些故事都涉及不同地區、不同時代人們的性格、

道德、才智和精神。我們可以從這些諸般不同處，學會從不同的視角看待生活，同時也豐富了我們對生活的理解。舉個例說，從「文天祥」的人物故事，我們能學到什麼是「天地有正氣」，也能明白古代的仁人志士的價值。所以，多讀這樣的歷史故事，自能做到潛移默化的教育作用。

第三，《舊唐書‧魏徵傳》：「夫以銅為鏡，可以正衣冠；以史為鏡，可以知興替；以人為鏡，可以明得失」，意思大約就是：照着銅鏡，可以整理衣帽；借鑒歷史，可以預知世代興衰；聽取人言，可以明瞭自身之得失對錯。歷史，作為人生的一面鏡子，可以彌補我們生活經驗的不足，為我們人生提供一些經得考驗的指引，也讓我們在做一些決定時，有所參考，不致迷失方向。

說了這麼多，不外乎就是告訴正在閱讀本書的「您」，歷史真的很重要，而「您」也正在做着一件正確的事。

《歷史大人物：春秋》是一本很有意義的書。我相信，包括了在閱讀的「您」，我們所有人都明白歷史很重要，但是我們卻往往無法「悅」讀歷史。因為負責歷史教育的教科書，往往

卻是扼殺歷史教育的「凶手」。傳統教科書因為需要配合課綱，所以多側重於「治亂興衰」的內容。而因為教時不足，又只能以兩三個重點事件、重要人物作為主線，敘述朝代的發展軌跡。於是，歷史在大部分學子的心中，只是不斷從治到亂、從興到衰，「自轉」的陀螺，看之讓人眼花繚亂，久讀更會使人眩目暈倒。而《歷史大人物：春秋》的意義正正在於它能裨補闕漏教科書的不足，為每一個「點」添上色彩，使之變成「有血有肉」的一個故事。

最後，我也想特別說一句——好的想法，必須依靠好的語言表達出來。黃獎兄的文筆流暢，而且「貼地」有趣，所以他這本書是很好讀，也很易讀。「獨樂樂不若眾樂樂」，所以我特別花時間寫了這篇書序，希望大家都能讀上這本好書。

葉德平 博士
香港歷史文化研究會會長
謹識於凌雲齋
2023 年 7 月

序二

　　有句本地口頭禪叫「七國咁亂」，大家都知道源自春秋戰國七國群雄，競逐中原話事權為源頭，不過未認真看過歷史的，未必知道內裏錯綜複雜的國家情仇，與遊走七國間連場戰事及人物關係，黃獎在書中一貫用他生動活潑的筆鋒，撰寫種種歷史元素，尤其是一些歷史大事件，錯綜複雜的關係，如果看原著，實在是向難度挑戰。

　　想睇些易入口易消化的歷史材料，我一定二話不說推薦黃獎這系列寫歷史大人物的新作，他在書中以生動及立體的筆觸，描繪出幕幕精彩的史詩式場境。

黃獎的新作系列，很高興除了印刷版本之外，還有電台的聲音版本，因為新城電台積極配合國家發展推動普及化的國民教育，近期「新城財經台」在早上 7:54 播放的《國·家·情·理》5 分鐘環節，由他的《歷史大人物》系列選材，把書中的精彩內容，由黃獎親自聲演，可以說是推高至另一層次。

朱子昭

新城廣播有限公司總經理（節目規劃及頻道運作）
2023 年 7 月

自 序

　　翻看自己的舊作，看到古天農前輩為《潮讀 4000 年》第一集寫的序，唏噓難免。前輩在文中寫道，他正在構思「中華名人一百」短劇，第一個想到的是蘇東坡，而我給他的《潮讀》初稿，正是用蘇東坡作為開始，真緣份也。其實，我和前輩當時只是初相識，得到他的支持，很感動！

　　由那年開始，每年寫一本《潮讀》，連續寫了八年，古農經常指導提攜，甚至親自和我去不同中學，講解創作和取材的竅門。這段期間，學習古農的說故事心法，樂在其中，但卻把「中華名人一百」短劇擱置了下來，現在回想，的確是可惜！

　　故此，當我想起動新系列的時候，自然會用人物出發。

　　近年，經常在中學做講座，和中學生聊天，經常令我眼界大開。有一陣子，我發現同學們對日本改年號為「令和」，有很投入的討論。我當然覺得奇怪了，日本年號這回事，為什麼能夠引起他們的興趣？原來，由 1971 年至 1989 年，總共有十套幪面超人電視劇，他們稱之為「昭和拉打」（拉打是 Rider 的譯

音），在 1989 年，日本年號由「昭和」改為「平成」，懞面超人碰巧在這一年停播。到了 2000 年，懞面超人的系列又開始了，所以，從此以後的二十一部懞面超人，就被稱為「平成拉打」。「昭和拉打」通常都是熱血大叔，而「平成拉打」就比較傾向一些美少年形象，當中還有許多特色，儼然就是一門學問。現在，「平成拉打」又變成「令和拉打」了，會有什麼改變？這當然是他們有興趣討論的事。

不過，我再想深一層，這三十一部劇集，超過一半是同學們出生前的作品，對他們來說，不啻是一些歷史資料，但他們可以如數家珍，那認真的程度，和我做歷史研究時的態度，沒有兩樣。是何原因驅使他們這麼投入？毫無疑問，是因為他們覺得有趣，自發的熱情，比任何獎罰制度都來得有效！

前年，有朋友介紹我看《如果歷史是一群喵》的網上動畫，我一開始就上癮了。雖然，動畫的內容，都是耳熟能詳的歷史故事，只不過是換了一些貓來做「演員」，又自動有他的追看性。

我更加明白，說故事的方法，有時比故事本身的情節更重要。我希望，這個《歷史大人物》系列，能夠捉緊這個宗旨，令大家覺得有趣。而第一本寫「春秋時代」人物，以孔子為封面，就是讓大家知道，孔子本身其實是一個充滿幽默感的人物！

　　緊接下來的，就是包裝上的處理。出版歷史書，大家很先入為住地會覺得，封面應該是一幅傳統水墨畫，再配一個書法字，形象鮮明！不過，這個做法需然安全，但就失去沒有我重視的時代氣息和幽默感，所以，一時間拿不定主意。

　　碰巧，我這兩年在研究「一筆畫」，自問也是風格獨特，便興起畫「一筆孔子」的念頭。我記得，當年學習水墨畫的時候，師從幾位畫壇前輩，得益匪淺。不過，曾經有過一個小插曲，就是我喜歡在畫上面題很多字，每一個老師都總是說，題字一句就夠，字太多了，人家不知道應該看字抑或看圖。

我知道老師的建議是正確的，不過，我又想，用中文方塊字，可以成為構圖的一部分呀。我看胡金銓導演的經典電影《空山靈雨》，用白煙來製造水墨畫「留白」的效果，恍然大悟，有這種用「填滿」來「留白」的構思，不用拘泥於舊有的方法。故此，我用《論語》的文字來填人物身旁的空間，以實作虛，算是在傳統技法上，推陳出新，自詡創新，其實只是吸收大師們的想法而已。黃霑前輩曾經說過：「創意就是把舊有的元素解構，然後再重新組合！」大概就是這個意思吧！

黃獎
香港作家
2023 年夏

目錄

中國歷史年表 夏—清

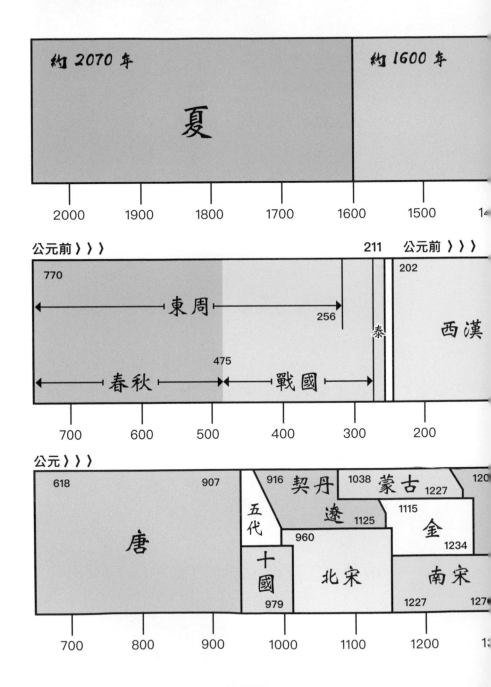

約 2070 年　　　　　　　　　　　約 1600 年

夏

| 2000 | 1900 | 1800 | 1700 | 1600 | 1500 | 1 |

公元前 〉〉〉　　　　　　　　　　211　公元前 〉〉〉

770　　　　　　　　　　　　　　　　　　202

東周　　　　　256　　　泰　　　西漢

475

春秋　　　戰國

| 700 | 600 | 500 | 400 | 300 | 200 |

公元 〉〉〉

618　　　　　　907　916 契丹　1038 蒙古 1227　120

遼　　　1115

唐　　五代　　　1125　　金

960　　　　　　1234

十國　北宋　　南宋

979　　　1227　127

| 700 | 800 | 900 | 1000 | 1100 | 1200 | 13 |

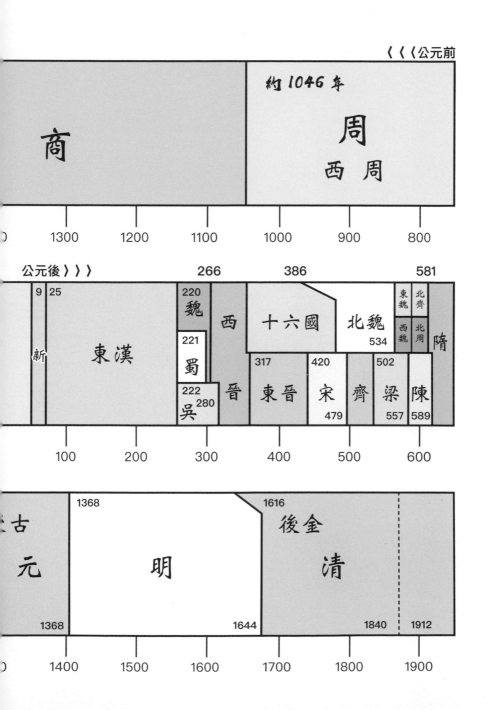

學而時習之，不亦說乎？有朋自遠方來，不亦樂乎？人不知而不慍，不亦君子乎？

其為人也孝弟，而好犯上者，鮮矣；不好犯上者，而好作亂者，未有也。君子務本，本立而道生。孝弟也者，其為仁之本與！

巧言令色，鮮矣仁。

吾日三省吾身：為人謀而不忠乎？與朋友交而不信乎？傳不習乎？

道千乘之國，敬事而信，節用而愛人，使民以時。弟子入則……

中國的朝代簡史

　　有人認為，中國古代歷史分為許多朝代，時間跨度長，涉及範圍廣，所以難以學習。不過，如果我們嘗試從另一個角度去接觸歷史，先挑選趣味比較濃的故事，用現代邏輯去分析古人的價值觀，故事越多，就可能越有吸引力。這本書從古代著名人物角度出發，不少名字都是大家耳熟能詳的，從而帶出每個朝代的不同環境，減少學習過程中的負擔。

　　中國古代歷史可以分為神話、傳說、半信史和信史四個部分。先不說神話時代，傳說時代是指在文字出現之前，依靠口耳相傳的歷史，這些資料在後世才用文字紀錄，記入史冊。由軒轅黃帝至堯、舜，甚至大禹治水都屬於這個時代。

由禹帝開創的夏朝和之後的商朝，雖有出土文物及文字記錄為證，但由於資料記載經常中斷，所以被稱為「半信史時代」；到了周朝開始（公元前 841 年），就有了持續的文字記載，歷史沒有間斷，故此，就被稱為「信史時代」。

　　其中夏朝是「半信史」的第一個朝代，其興起標誌著中華文明的開始，大約在公元前 21 世紀左右建立。夏朝歷史由很多傳說組成，沒有太多實物證據。夏朝的皇帝是「禹」，即是傳說中的治水英雄，被譽為「天下太平之始」，為人們提供了一個相對穩定的社會環境。

　　夏朝之後，商朝在公元前 16 世紀左右興起。商朝的興起標誌著中國歷史上一個文明的誕生，商朝是中國古代歷史上的一個重要朝代，它的滅亡標誌著中國古代歷史的另一個時期的開始。商朝是一個奴隸制度的國家，它的經濟和文化水平都非常發達，對中國歷史的發展有著深遠的影響。

隨著商朝的滅亡，西周在公元前 1046 年左右建立，周朝是中國歷史上，「半信史」之後的第三個朝代。周朝是一個封建制度的國家，周朝的建立標誌著奴隸制度向封建制度的過渡，周朝的發展對中國的歷史發展產生了深遠的影響。周朝的經濟和文化水平都有了相當大的提高，這也為春秋戰國時期到來奠定了基礎。

　　春秋戰國時期是中國歷史上的一個重要時期，它的開始標誌著中國歷史的第四個時期的到來。春秋戰國時期是一個動蕩不安的時期，各國相互爭鬥，形成了一個多國分立的格局。春秋戰國時期的發展，為中國歷史上的統一奠定了基礎，也是中國古代文化和哲學思想的繁榮時期。

　　秦朝是春秋戰國後的第一個大一統王朝，它的建立標誌著中國歷史的第五個時期的到來。秦朝的經濟和文化水平都有了相當大的提高，秦始皇還實行了統一的貨幣制度和度量衡制度。但是，秦朝的暴政和殘酷統治引起了人民的不滿，最終導致了秦朝的滅亡。

漢朝是緊接秦朝的第二個大一統王朝，它的建立標誌著中國歷史的第六個時期的到來。漢朝的發展，為中國歷古代文化和哲學思想的繁榮時期。漢朝在政治、經濟、文化等方面都有著很高的成就，漢朝的統治者還實行了許多有益的改革。

漢朝末期進入三國時代，然後就是魏晉南北朝，都是政權轉換得比較頻密的時間。到了公元 581 年，隋文帝楊堅建立了隋朝，其政治制度和統治手段相對於以前的朝代來說更加嚴密和集中。隋朝的建立標誌著中國古代歷史的第七個時期的到來。隋朝期間，中國的統一程度達到了前所未有的高度，經濟和文化也有了相當大的進步。

不過，隋朝的時間並不長久，很快被推翻了，而之後的唐朝，是中國歷史上最輝煌的一個時期之一，它的建立標誌著中國古代歷史的第八個時期的到來。唐朝是一個封建王朝，它的統治者實行了許多有益的政治、軍事、經濟和文化改革，使得唐朝成為了中國歷史上的一個繁榮時期。唐朝的經濟和文化都有了相當大的提高，唐代的詩歌、繪畫、書法等藝術形式都達到了高峰。

宋朝是中國歷史上的第九個時期，它是中國歷史上最重要的朝代之一。宋朝的經濟和文化發展非常迅速，科技水平也有了很大的提高。宋朝的統治者實行了許多有益的政治、經濟和文化改革，包括增加稅收、推行科舉制度、興辦水利等等。宋朝也是中國文化和藝術的繁榮時期，宋代的詩歌、繪畫、書法等藝術形式都有了很大的發展。

　　元朝是中國歷史上的第十個時期，它是中國歷史上的一個分裂時期。元朝的統治者來自蒙古族，他們的統治手段和文化傳統與漢族有所不同。元朝的經濟和文化發展緩慢，但是元朝在城市建設和交通運輸方面有著相當大的成就。

　　明朝是中國歷史上的第十一個時期，它是中國歷史上的一個重要朝代。明朝的統治者實行了許多有益的政治、經濟和文化改革，包括興辦學校、推進科學技術、加強農業生產等等。明朝的經濟和文化都有了相當大的提高，明代的詩歌、繪畫、書法等藝術形式都達到了高峰。

清朝是中國歷史上的最後一個封建王朝，它的建立標誌著中國歷史的第十二個時期的到來。清朝的經濟和文化都有了相當大的發展，但是它的政治制度和社會制度卻相對落後。清朝在政治、軍事、經濟和文化等方面都遭受了一系列的挫折，最終在 20 世紀初被推翻。

　　總的來說，中國古代歷史是一個源遠流長的歷史過程，它的發展與演變涉及到政治、經濟、文化、社會等多個方面。從夏朝到清朝的歷史過程，展現了中國古代文明和文化的多樣性和繁榮。

　　中國歷史朝代太多好難記？坊間一直流傳著一首七言詩，簡單六句便將中國不同朝代按次序表達出來，大家也可以嘗試用這個方法，避免「硬記」吧。

唐堯虞舜夏商周，

春秋戰國亂悠悠。

秦漢三國晉統一，

南朝北朝是對頭。

隋唐五代又十國，

宋元明清帝王休。

春秋時代主要發展在黃河中下游一帶，經歷了周朝兩百多年的發展，到了第十二代時，周幽王為了取悅美人褒姒，獻上了一場烽火戲諸侯，卻引來西夷大我的進攻，最終導致周幽王在驪山下被殺。他的兒子周平王遷都雒邑（即現在的河南洛陽），此後歷史從西周改稱為東周，並進入了春秋時代和戰國時期，長達四百多年的時期中，周王朝逐漸衰落，各國諸侯爭相稱霸天下。

　　「春秋」一詞的由來，是魯國史官記錄各國重大事件，之後孔子加以修訂，成為儒家經典著作。

春秋時代的背景如何
造就這些大人物？

  春秋時代是中國古代歷史上的一個時期，大約從公元前
770 年到公元前 476 年。在這個時期，出現了許多著名的思想
家，他們的思想和理論對中國哲學的發展產生了深遠的影響。
這些思想家的出現，與春秋時代的背景有著密切的關係。綜上
所述，春秋時期的政治動盪、社會變革、文化交流和學術繁榮
等多方面的因素，為著名思想家的出現提供了土壤和環境。這
些思想家的思想和理論不僅反映了當時社會的現實和問題，也
為後世的哲學和文化發展提供了重要的思想和理論資源。

1. 政治動盪：春秋時期是一個政治動盪的時期，各諸侯國之間進行了激烈的爭霸，形成了以齊、楚、燕、秦、晉、宋、衛等十幾個小國家組成的格局。國與國之間經常互相攻伐，局勢相當動盪，導致人們開始思考國家的治理和社會的秩序問題。

2. 社會變革：春秋時期是農業社會向商業社會轉型的時期，商業和手工業開始興起，城市和貿易也開始發展。這種社會的變革，使得人們開始思考經濟、政治、文化等方面的問題。

春秋時期是農業社會向商業社會轉型的時期，商業和手工業開始興起，城市和貿易也開始發展。這種社會的變革，使得人們開始思考經濟、政治、文化等方面的問題。在這種背景下，春秋時期的思想家們開始關注社會中的貧富差距，提出了許多關於經濟和社會公正的思想和主張。例如，孔子提出的「仁愛」、「中庸」等思想，主張讓社會更加公正、和諧、穩定。綜上所述，春秋時期的政治動盪、經濟變革、文化交流和學術繁榮等多方面的因素，為著名思想家的出現提供了土壤和環境。 這些思想家的思想和理論不僅反映了。

3. 文化交流：春秋時期各國之間進行了廣泛的文化交流，這種交流促進了思想的碰撞和交流，推動了中國文化和哲學的發展。春秋時期的文化交流十分活躍，各國之間進行了廣泛的文化交流。這種交流促進了思想的碰撞和交流，推動了中國文化和哲學的發展。 在這種背景下，春秋時期的思想家們開始關注文化和教育問題，提出了許多關於文化和教育的思想和主張。

4. 學術繁榮：春秋時期各國之間的學術交流和競爭也在推動思想家的出現。各國的學者和思想家開始相互辯論和交流，推動了思想的發展和進步。春秋時期各國之間的學術交流和競爭也在推動思想家的出現。 各國的學者和思想家開始相互辯論和交流，推動了思想的發展和進步。 在這種背景下，春秋時期的思想家們開始關注學術和哲學問題，提出了許多關於學術和哲學的思想和主張。

春秋時代
有哪幾位大人物？

　　春秋時代是中國古代歷史上的一個時期，大約從西元前770年到西元前476年。 在這個時期，出現了許多著名的思想家，他們的思想和理論對中國哲學的發展產生了深遠的影響。以下是春秋時代著名的幾位思想家：

1. 周幽王是春秋時期周朝的一位君王，他在位期間因為昏庸無道，導致周朝的國家和社會出現了嚴重問題。他不重視政治和軍事建設，沉迷於享樂和酒色之中，導致朝政不堪和國家財政困難。此外，他還對待屬下和民眾殘忍無情，被視為春秋時期君王暴政的代表之一。周幽王的統治失敗加速了周朝的衰落，為中國歷史上著名的政治和文化轉型奠定了基礎。

2. 齊桓公是春秋時期齊國的一位君主，他在位期間積極推行改革，打破了貴族專權，實行平民政策，大力發展經濟，加強軍事建設，使齊國在春秋時期處於領先地位。他還通過聯姻和外交手段，與周邊國家建立了良好的關係，進一步擴大了齊國的影響力和實力。他的政治成就和影響深遠，被譽為「霸主之君」，對中國歷史產生了重要影響，成為中國古代著名的政治家和改革家之一。

3. 管仲是春秋時期齊國的一位政治家和改革家，他主張「富國強兵」，推行了一系列改革措施，如平均地權、減免賦稅、廢除苛政等，促進了國家的經濟和社會發展。他還積極推進外交，與周邊國家建立了良好的關係，並在軍事上取得了一系列勝利。他的政治成就和影響為後世政治家和改革家所推崇，被譽為「千古第一相」。他的故事也被後人反復傳誦，成為文學和藝術創作的素材。

4. 晉文公是春秋時期晉國的一位君主，他在位期間，通過推行改革，打破了貴族專權，擴大了中央集權，加強了國家的統一和穩定。晉文公還積極聯姻，與周邊國家建立了友好關係，並在軍事上取得了一系列勝利。他的政治和軍事成就為晉國的發展奠定了基礎，成為中國歷史上重要的君主之一。晉文公也是古代中國「三大名君」之一，被譽為「聖君」。

5. 秦穆公是春秋時期秦國的一位君主，他在位期間，大力推行改革，實行「以法治國」的政策，打破了貴族專權，促進了生產力的發展，使秦國逐漸強大。秦穆公還積極聯姻，與晉國、楚國等周邊國家建立了友好關係，並通過積極的外交手段，獲得了更多的支持和資源。他的改革和政策為後來的秦國崛起奠定了基礎，成為中國歷史上重要的君主之一。

6. 專諸是春秋時期的著名刺客，成功刺殺吳王僚，讓公子光即位成為吳王闔閭，吳國亦由此成為南方大國。

7. 范蠡是越國的名臣，輔助越王勾踐，利用美女西施去迷惑敵人吳王夫差，最後成功打敗吳國。大功告成之後，范蠡功成身退，放棄政治，專心營商。後世對他十分尊重，尊他為財神，受後人供奉。

8. 西施是春秋時代越國的美女，傳說她有著絕世容顏，能夠借助她的美貌影響國家的政治和軍事局勢，與漢朝的王昭君、三國的貂蟬、唐朝的楊貴妃，合稱為中國四大美人。儘管西施的美貌和影響力被後人傳頌，但她的真實身份和經歷仍存在爭議，有些說法認為她只是一個虛構的人物。

9. 老子是春秋時代著名的思想家、哲學家和道家學派的創始人之一，被譽為中國古代文化的奠基者之一。他的著作《道德經》是中國古代文化的瑰寶，被譽為中國古代思想的經典之一。他主張「道」是萬物之始，萬物歸一，主張「無為而治」，反對人為干預和強制，主張追求自然和平，是中國古代哲學思想的重要代表之一。

10. 孔子是春秋時代的一位偉大思想家，也是中國文化的代表人物之一。他提出了「仁愛」、「中庸」等重要思想。孔子認為，仁愛是一種人類之間的感情，是一種道德上的美德。而中庸則是一種合適的處事之道，即「不偏不倚，不過不失」。

11. 孫子是春秋時代著名的軍事家、戰略家和兵法家，他的著作《孫子兵法》是中國古代兵學經典之一，對中國古代和現代的軍事思想和實踐產生了深遠的影響。孫子主張「以計制敵」，強調謀略和戰術的重要性，提出了諸多兵法原則和策略，如「奇正相生」、「攻其無備」、「知己知彼」等，這些思想和原則不僅在古代戰爭中被廣泛應用，也對現代管理和戰爭思想產生了重要影響。

春秋地圖（初期）

鬼方

代

中山

婁煩

黎

霍楊

晉

北

義渠

翟梁

翼邧

葛共凡

卻干溫劉

鄭

密

秦

魏

虞

周

毛

應

程

虢

焦

曾

魚

褒

郇

絞

鄀

申

唐

首

穀

谷

鄧鄾

庸

夔

楚

百濮

洞庭湖

子曰學而時習之不亦說乎有朋自遠方來不亦樂乎人不知而不慍不亦君子乎其為人也孝弟而好犯上者鮮矣不好犯上者而好作亂者未有也君子務本本立而道生孝弟也者其為仁之本與巧言令色鮮矣仁曾子曰吾日三省吾身為人謀而不忠乎與朋友交而不信乎傳不習乎道千乘之國敬事而信節用而愛人使民

春秋的開始：

周幽王

西周第十二代君王，也是西周的亡國之君，他的逝世，導致春秋時代的開始。

春秋的開始：
周幽王

1.1 談「春秋時代」

先要看「西周」的完結。由公元前 1046 年，周武王滅商朝開始（即是大家熟悉的《封神榜》故事），至前 771 年周幽王被殺為止，共經歷 11 代，歷時 276 年。公元前 770 年，周幽王的兒子周平王，把首都東遷到雒邑（即現時洛陽市），歷史上稱之為東周，亦為「春秋時代」揭開序幕。

《封神榜》中的神仙和神獸有著不同的封號和能力，這些封號和能力也代表著不同的寓意（是否像荷里活的英雄片呢？）例如，《封神榜》中的哪吒是天地混沌中出現的神獸，他被封為「三太子」，是因為他有著不同凡響的神力，能夠變身成不同的形態，保護人類。而《封神榜》中的姜子牙則是周文王的軍師，他被封為「太乙真人」（奇異博士？），代表著他有著高超的道術和智慧。

《封神榜》在中國文化中有著廣泛的影響，它不僅是一個神話故事，更是一個文化IP，代表著中國古代的信仰、崇拜和文化。封神榜的故事曾被改編成不同的文學作品、電影和電視劇，進一步豐富了中國文化的內涵。近年，封神榜這個IP更得到了新的詮釋和發展，例如在遊戲、動漫、文學等領域中都有著封神榜的影子。你有留意到嗎？

小知識

　　《封神榜》是中國古代一份神話故事中的榜單，封神榜在中國文化中佔有很重要的地位，不僅是一個神話榜單，更是一個文化符號。《封神榜》的起源可以追溯到商朝和周朝時期，當時的人們相信神仙和神獸的存在，認為他們有著超自然的能力，可以保佑人類平安，驅散災難。據說《封神榜》是由周朝姜子牙制定，列出了一些在人間做出卓越功績或者擁有特殊能力的人物，這些人物被封為神仙或者神獸，其實有點像超級英雄世界裏的人物。《封神榜》的出現，對當時是一種崇拜和信仰的體現。

動漫電影《哪吒之魔童降世》劇照
（來源：互聯網）

至於周幽王的死，就要由他的愛妻褒姒說起了。褒姒原來是個棄嬰，被褒國的商人收養。那是西周的末段時間，公元前 779 年，周幽王出兵攻打褒國，褒人不敵，便獻上美人褒姒，希望周幽王退兵，周幽王一見美人，是打從心裏面喜歡上來，仗也不打了，馬上把美人帶回老家，享受人生。

　　這個發展歷程，大家是否覺得很眼熟？不錯，根本就是夏朝末年妹喜的翻版嘛！而且，周朝本身對這個套路也很熟悉，周幽王的祖宗推翻商朝時，就用這條方程式，創作了一個「妲己故事」出來，抹黑商朝的紂王，令自己造反的行動合理化。現在，周幽王自己反而沒有受到教訓，不過，我們也要明白，幽王這年才 16 歲，年輕人，因愛情而變得盲目，也是人之常情。

　　沒多久，褒姒為幽王生了兒子伯服，幽王自然更加寵愛，馬上廢了本來的王后和太子宜臼，正式冊立褒姒母子為后和太子。到了這個地步，褒姒應該高興了吧，但她就是不愛笑，是位黑面女神。幽王決心要搏紅顏一笑，可能是腦袋進水了，他居然翻查古籍，發現夏桀逗妹喜高興的方法，也來效法一下。他命人搬來絲綢，叫宮女們把絲綢撕碎給褒姒聽。不過，褒姒的喜好和妹喜並不一樣，這個方法沒什麼效果。

小知識

歷史上的第一位紅顏禍水

妹喜不是什麼帝王或者將軍的妹妹，「妹喜」其實就是她的名字。關於妹喜的史料記載最早出自《國語》，但上面只有很少的一段文字記載：

「昔夏桀伐有施，有施人以妹喜女焉，妹喜有寵，於是乎與伊尹比而亡夏。」妹喜是有施氏（即有施部落，在今山東省蒙陰縣境內）之女。夏朝末代君主夏桀一次攻打有施氏，有施為了求和，獻出他們的牲畜及美女，其中包括妹喜，而正式成為夏王的寵妃之一。

據說，妹喜有三個癖好：一是笑看人們在規模大到可以划船的酒池里飲酒；二是笑聽撕裂絹帛的聲音；三是喜歡穿戴男人的官帽。史籍記載，夏桀在建造其規模大到可以划船的酒池時，首先下令處死阻止其建造酒池的忠諫臣子關龍逄，然後「邀請」三千名飲酒高手在擊鼓聲中下池暢飲，結果他們中的一些人因酒醉而淹死。又因為妹喜聽到撕扯繒帛的聲音，夏桀於是下令宮人搬來織造精美的絹子，在她面前一匹一匹的撕開，以博得妹喜的歡心。在農業時代初期，破壞這種稀有昂貴的物品，完全就是浪費！後世人亦常說妹喜為紅顏禍水的第一例證。

（來源：互聯網）

1.2 紅顏一笑的代價

皇帝有煩惱，自然有大臣出謀獻策，皇帝是個胡塗蛋，當然會寵信小人，有人跟他說，為了防止西戎（外族野蠻人），我們派了人守住邊關，當西戎來襲擊，邊關會在烽火台燒狼煙，支持我們的諸侯看到狼煙，就會領兵來救，現在天下太平，我們燒一個狼煙來玩玩，引諸侯趕來，皇后看到大家的狼狽模樣，自然忍不住笑了。

周幽王沒有聽過「狼來了」的故事，不知道欺騙羣眾的嚴重性，真的去烽火台燒狼煙，召來各路諸侯，又果然引得褒姒哈哈大笑，這便是出名的「烽火戲諸侯」故事了。大家要明白，諸侯們以為是來打仗的，千軍萬馬奔馳而至，中途也有死傷，不是來吃一頓飯那麼輕鬆。來到之後，發覺是一場玩笑，大家當然是怒火中燒，不過，礙於天子的名份，當下沒有發作，便各自憋著一肚子氣回家。

後來，舊太子宜臼逃到外公的家，外公申國的申侯，當然有點勢力。他們聯合了西方的犬戎，真的帶兵來犯，這一次，幽王下令燃起狼煙，可以想像，諸侯就不來了。幽王和太子伯服被犬戎殺死，美人褒姒呢？有說是一同被殺，也有說是被擄，說法不一。

1.3 褒姒的下場

下場一：《詩經·大雅》之中，有幾句詩這樣說：「婦有長舌，維厲之階。亂匪降自天，生自婦人。」意思是指褒姒的舌頭很長，是個禍根，天下將會大亂，但這不是天意，而是這個婦人導致的。自此以後，就有了「長舌婦」這個詞，只不過，日後的人有不同的解讀，用來形容太喜歡說話，說三道四的女人，那和原意大不相同。

下場二：另外，大家又開始創作一些神話故事，連《史記》也有這樣的記載，指夏朝的時候有兩條龍，來到皇宮，當時的皇帝把龍的涎沫（唾液）儲了起來，藏在匣子之中。夏朝完結之後，經過了商朝，來到周朝的時候，周厲王好奇，把匣子打開了，倒瀉了龍涎。龍涎又生出一隻大鱉（外形像龜的生物），在皇宮跑來跑去，恰巧碰上了一個婢女，然後就不知去向了。既然是神話，這一碰，婢女就有孕了，只不過，懷胎很多年，還未生下嬰兒來，直到厲王死了，他的兒子周宣王繼位之後，婢女才誕下一個女嬰，那便是褒姒了。而周宣王的兒子，正是周幽王，這一段不知是姻緣抑或是孽戀，令到周王朝差點終結。

當然，這是神話故事，大家參考一下便算了，不能當真。話說回來，褒姒只是一個冷臉美人，本身沒什麼嫌疑（妹喜則有可能是存心靠害），千錯萬錯，都錯在周幽王的非一般智慧，親自炮製一齣國際版「狼來了」，還要附加煙火效果，可謂咎由自取，怨不得別人。

申侯殺了女婿周幽王之後，沒有自己做皇帝，而是恢復外孫宜臼的太子地位，擁立他為周平王。這一來，周平王有參與行動，就是弒父了，因此，他雖然成功登上周天子之位，但在諸侯間的威望就大幅下降了。這時，各諸侯國勢力逐漸強大，互相攻伐，結果，周室漸漸衰落，失去對其他諸侯國的控制，諸侯國便逐一稱霸，形成了之後的「春秋時代」。

子曰學而時習之不亦說乎有朋自遠方來不亦樂乎人不知而不慍不亦君子乎

有子曰其為人也孝弟而好犯上者鮮矣不好犯上者而好作亂者未有也君子務本本立而道生孝弟也者其為仁之本與

子曰巧言令色鮮矣仁

曾子曰吾日三省吾身為人謀而不忠乎與朋友交而不信乎傳不習乎

子曰道千乘之國敬事而信節用而愛人使民以時

子曰弟子入則

管治天才：

管仲

齊國相，以謀略治國著稱，推行「罰不貸款」政策，創造了繁榮昌盛的齊國。

管治天才：
管仲

春秋時代有五個霸主，分別是：

1) 齊桓公

2) 晉文公

3) 秦穆公

4) 宋襄公

5) 楚莊王

（可記為：齊晉秦宋楚）

> *不同史書有不同的說法，但齊桓公和晉文公每次都榜上
> 有名。另外一個說法是：齊桓公、晉文公、楚莊王、吳
> 王闔閭、越王勾踐（可記為：齊晉楚吳越）

　　讀者可能也有聽過的，包括：吳王闔閭〈父親〉、吳王夫差〈兒子〉及越王勾踐等等，不少成語也是從他們的事蹟而來呢！

春秋末代一位受爭議的霸主之 — 吳王夫差

吳王夫差的生平充滿了戲劇性和傳奇色彩。夫差是吳王闔閭的兒子，他在公元前 496 年繼承了吳王位，吳國在當時的諸侯國中已是頗具實力的勢力。夫差在位期間，採取了不少激進的政策，試圖通過戰爭擴張吳國的領土，並削弱其他諸侯國的實力。

公元前 494 年，即夫差繼承王位之後兩年，便發動了對越國的戰爭，但在戰爭中遭受了重大失敗。他在隨後幾年繼續推行激進的政策，導致吳國內部矛盾加劇，社會動蕩不安。

公元前 473 年，夫差發動了對齊國的戰爭，但在戰爭中遭遇了慘敗，最終導致了吳國的衰落。夫差在戰敗後極度失落，開始沈迷於酒色之中。夫差享年 50 歲，在他的統治下，吳國的文化和經濟都受到了嚴重的破壞。儘管他的統治充滿了戲劇性和傳奇色彩，但在歷史上被認為是吳國的衰落和滅亡的主要原因之一。

2.1 齊桓公與管仲的恩仇

齊桓公是怎樣得到這個霸主地位的？當中最關鍵的人物，是他的大臣管仲，不過，他和管仲的關係頗為複雜，甚至曾經有過一箭之仇，但後來又拜他為「仲父」，當管仲死了之後，齊桓公又管治不了國家，落得一個悲劇收場。

齊桓公少年時叫做小白，當時，齊國政治環境非常混亂，他的哥哥當上齊襄公，他和弟弟公子糾被迫出走避禍。輔助小白的是鮑叔牙，輔助公子糾的就是管仲。

公元前 686 年，襄公被殺，另立新君。沒多久，新君又死了，大臣就派人去請公子糾回國。這時候，管仲知道小白離齊國近，恐怕他搶先回國奪位，就先帶領人馬去攔截。管仲是個射箭手，他向小白射了一箭，小白頓時墮馬。管仲以為小白已死，便回去打點行裝，護送公子糾回齊國。

不料，小白只是佯裝死亡，趁這個空檔，趕在公子糾之前回到了齊國，馬上登基，成為了齊桓公。當國君的條件，居然是先到先得，世事的確難料。

齊桓公和管仲之間，有這「一箭之仇」，他想報仇雪恨嗎？應該是想的。不過，鮑叔牙這樣說：「假如你的目標只放在管治齊國，有我鮑叔牙就夠了。但若然想稱霸天下，那就一定要有管仲這種人材。」鮑叔牙甚至自願降級，去當管仲的副手，算是識英雄重英雄了。

不過，開始的時候，齊桓公並沒有重用管仲，他認為魯國弱小，計劃出兵攻打，管仲極力阻止，他就沒有理會。

　　公元前 684 年，齊桓公大軍真的進攻魯國。魯莊公決定用曹劌（音：貴）為將軍，指揮軍隊應戰。

　　戰場上，兩軍相遇，魯莊公馬上就要擊鼓出戰。曹劌卻制止了他，表示要等齊軍擊響三次戰鼓，才是迎戰的機會。

　　結果，魯莊公雖然軍力不足，依然大獲全勝。這時候，魯莊公打算乘勝追擊，曹劌又制止他，說先要觀察齊國戰車敗走的車輪痕跡，然後才下令出兵。

　　最後，齊國被打了一個落花流水。

2.2 一鼓作氣的由來

　　曹劌對魯莊公解釋：「上陣交鋒，關鍵在士兵的勇氣。第一次響起戰鼓，士兵熱血沸騰，勢不可擋；第二次戰鼓，士兵的勇氣開始衰退，攻擊力打了折扣；三鼓時，士兵的勇氣已經耗竭，力量大不如前。所以，我們覷準對方三鼓之後，士氣不足，我們才打響第一次戰鼓，以最佳狀態進擊，所以才能夠取勝。追擊的時候，我恐怕敵人有埋伏，仔細觀察齊國戰車退走的痕跡，發現它們雜亂無章，應該是因為士氣散渙而導致的，那才放心乘勝追擊。」我們常用的成語「一鼓作氣」，就是從此而來。

　　這一戰，齊國戰死了三千人，齊桓公事後檢討，明白管仲當初勸阻他，是有先見之明，便開始重視這個人才。不過，管仲認為齊桓公太固執，已經決定離開，臨行之時，寫下治國的心得。齊桓公一看，更加覺得管仲是不可多得的奇才，馬上設金台，隆重其事，恭恭敬敬的請管仲回來當丞相。後來，更拜管仲為「仲父」，得到他的輔助，終於完成霸業。

　　齊桓公有多重用管仲呢？《史記》的「刺客列傳」中，有一段記載，可見一斑。「刺客列傳」寫的是春秋戰國期間的五段經典，那個羣雄割據的時代，個人的力量比較有影響力，殺掉一個族長，可能便影響了整個國際形勢。

2.3 春秋的政治環境

　　「刺客列傳」第一個刺客名叫曹沫，他真的憑一柄刀，解決了國家厄困，曹壯士是魯國的將軍，力大無窮，但一個人能打，跟士兵能打是兩回事， 齊桓公練好兵馬，大軍再來魯國叫陣，曹沫就連輸了幾仗。

　　打輸了就要割地求和，齊桓公開價極高，對魯國而言實在無法接受，但戰敗之師從來都沒話語權，眼看就要被齊國狠狠搶劫了。曹沫忽然跳出來，一把刀架在齊桓公的脖子上，語重心長地說：「你們是大國， 我們是小國，以大欺小是不對的。你把土地還給我們，我就放了你。」

　　刀都架到脖子上了，說什麼都是對的。齊桓公趕緊答應，曹沫收起武器，施施然地回到自己的位置上，若無其事地繼續和齊、魯諸位高層喝酒。這種泰山崩於前的氣度，也真有武俠小說中，李尋歡手拈一柄飛刀，在強敵環伺的危困之中談笑自若的氣概，他動刀子之舉只像個土匪，事後的從容卻真的很有俠氣。

齊桓公被勒索後，為啥不馬上派人把曹沫斬成肉醬，再拿走魯國的土地呢？原來齊相管仲告訴齊桓公，你反悔了，別的國家就有藉口說你不守信，羣起而攻之，魯國是小國，佔不了什麼大便宜，乾脆放過曹沫，換個好名聲吧。大家要明白，春秋時代，國與國之間的互動，比一般兩軍對壘複雜。於是齊桓公也只好忍下了這口氣。

要齊桓公忍下這一口氣，除了因為管仲能看清當時的政治形勢，也看出了他們君臣之間的信任。

我們又會思考，如果沒有管仲的幫助，齊桓公會否同樣地得到成功？當然，歷史不可重來，閃電俠亦跑不回幾百年前，我們不可能知道「假如」沒有管仲，會有怎樣的結果。不過，管仲死了之後，齊桓公又的確大走下坡，結局悲慘。

管仲年老時，自知不久人世，又不放心齊桓公，便對他說：「我死了之後，你一定要把豎刁、易牙、公子開方三個人趕走，齊國方可安穩。」這三個是什麼人？別的不說，易牙是著名的美食專家，為了討好齊桓公，把自己的兒子煮熟了，送給齊桓公吃，這樣的人，連自己的兒子也不疼愛，絕對不能相信。

初時，齊桓公聽話，真的下令三人離開，但，他始終還是不捨得，又偷偷把三人召回來。最後，齊桓公身體逐漸衰退，三人就開始奪權，其他人根本不能和齊桓公見面。當齊桓公死後，大家都不得而知，死了十多天，屍蟲開始爬出來了，才把他入殮。

齊桓公是春秋時代的首個霸主，後人排名春秋五霸，第一個就數到他，哪知道在他晚年的時候，身邊沒有了管仲，會是這麼悽慘！

2.4 管仲的治國方略

管仲的政治理念，首要搞好民間經濟，百姓們富起來了，就一切好辦，故此，他幾乎想得出的生意都做，結果齊國就富強起來了。

自漢唐以來，中國大部份時代都是鼓吹以儒治國，但儒學許多時都只是一面旗幟，骨子裡其實都是以法家思想來作管治謀略的。

「以儒治國」是什麼理念？

「以儒治國」是中國古代的一種治國理念，指的是將儒家思想融入政治管理、制定政策和培養官員的過程中，達到治理國家的目的。這種理念最早出現在春秋時期，孔子是其主要代表人物。他在《論語》中強調，君子應該修身、齊家、治國、平天下，將儒家思想應用於日常生活和政治實踐中。

在漢代，儒家思想得到了廣泛的推廣和應用，成為了主流的政治思想。漢武帝時期設立了太學，培養學生學習儒家經典，並選拔優秀學生進入政府機構工作，從而實現了「以儒治國」的理念。

「以儒治國」理念的背景是中國古代政治的不斷演變和發展。在戰國時期，各諸侯國之間相互攻伐，國家不斷動蕩，社會秩序混亂，人民生活艱苦。因此，孔子和其他儒家學者開始思考如何治理國家，提出了「以仁愛為本，以禮法為綱」的思想，並將這些思想應用於政治實踐中，為中國古代的政治穩定和繁榮奠定了基礎。「以儒治國」理念是中國古代政治思想的重要組成部分，強調了道德、仁愛、禮法等價值觀在政治管理中的重要性。這種理念在中國的歷史上有著深遠的影響，是後來政治和文化發展的一個重要基礎。

到了現代，法家思想仍然應用於生活中。單以上班而言，也要有賞罰才能令人準時，若要靠員工的自發性，效果可想而知。自律的人固然存在，但要整個國家的人都靠自律，就不太可能了。

在堯舜時期，人口有限，教化的方法也許還是可行的，但春秋戰國時代人口增加，就要用法制去管理了。法家有兩件事做得很好，一是法制的執行，二是經濟政策，鼓勵行商，令國家富強。國家太窮，人民就自然會造反，大家都有錢了，才能進行獎罰。

管仲是一個明顯的例子，齊國地域很小，只有一百里，倚靠漁鹽之利發展。人民可以捕魚和製鹽，利潤很大，於是管仲就進行了專賣制度，把利益收歸國有。他也提出「以農立國」，著重農桑。

齊國內部富起來後，管仲鼓勵對外貿易，你拖幾輛車來做生意，我就請你吃飯，供糧草給你的馬匹。現在看來不算什麼大事，但在那個時代，大家都只懂守著自己的田地，管仲的商業頭腦就十分超前了。

有一次，諸侯依例要去朝拜周天子，管仲提出，大家要配戴某種玉器才能進場，玉器有五種顏色，根據級數戴不同顏色，而

管仲早已在玉器的礦場駐了重兵，諸侯只能向管仲買玉器作入場券。這簡直跟現代的行銷手法一樣，入場券也有分普通和 VIP 吧；結婚一定要有戒指，戒指一定要有鑽石，大家快來掏腰包吧。

可是，周天子不滿意了，你拿我當招牌來賺錢，我有什麼利益？管仲就給周天子出了個點子，下一次諸侯再來朝拜，就規定要配戴一種獨特的茅草，茅草頂端有三條線伸出來的，自有特色，只此一家，別無分號。上一次買玉，今次要買草了，就輪到周天子刮了一筆。

現代人多半沒留意，古代的青樓妓院拜神時，也是拜管仲的，但這個經濟學家和妓女有什麼關係呢？原來，當時齊國男多女少，男人為了爭女人，常常發生毆鬥。那時雖然有官妓家妓，但卻是貴族的專利，平民沒 法接觸。管仲把這些青樓女子國營化，政府開妓院，收入抽稅，這稅收還有個動聽的名字，叫作「花粉捐」。

賺了錢後，就可以優化服務的品質。青樓女子被集中在一起，一同參與各種培訓班，服務質素提升了，齊國的青樓聲名鵲起，其他國家的人紛紛來光顧，還促進了旅遊業。這樣下來，齊國的經濟好了很多，管仲也成為「青樓之神」。時至近代，西方經驗學才有了密集營商、促進人才培訓的說法，可見這概念早就付諸實行了。

學而時習之，不亦說乎？有朋自遠方來，不亦樂乎？人不知而不慍，不亦君子乎？

其為人也孝弟，而好犯上者，鮮矣；不好犯上，而好作亂者，未有也。君子務本，本立而道生。孝弟也者，其為仁之本與！

巧言令色，鮮矣仁。

吾日三省吾身：為人謀而不忠乎？與朋友交而不信乎？傳不習乎？

道千乘之國，敬事而信，節用而愛人，使民以時。

弟子入則孝……

四年成為霸主：

晉文公

晉國從一個小國家發展成為春秋時期最強大的國家之一，

就是因為他！

四年成為霸主：
晉文公

3.1 又是妖姬的故事：驪姬

歷史總喜歡重複自己，周幽王死後，春秋時代正式開始，大約過了一百年，晉國國力強盛，晉獻公攻打驪（音：麗）戎（一個西周古國），當地國君把自己的女兒驪姬送給晉獻公，以求罷戰。

晉獻公本來有三個兒子，大兒子申生是太子，另外還有重耳和夷吾，都是有才有德的人物。不過，當晉獻公寵愛驪姬，並和驪姬生下兒子奚齊之後，事情就產生了變化。

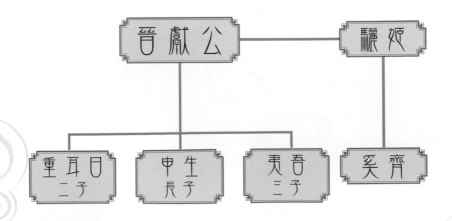

驪姬當然想把自己的兒子捧上去，當太子，自己的晚年才有保障。於是，她一步一步的展開計謀，離間獻公和三個兒子的感情。首先，她提議讓年輕人發展所長，派大太子申生去守護宗廟，派重耳和夷吾分別去鎮守兩個邊疆要塞，聽起來，是讓他們先立下功勞，這個繼母的建議非常正面。之後，三個兒子各有各忙，老爸膝下就只有小兒子奚齊，那就更加疼愛了。

有一天，機會來了，太子從宗廟送些祭肉回來，孝敬老爸；驪姬就偷偷在肉中下毒。她當然不是打算毒死老公，她先找一條狗來試毒，狗死了；她又找下人來試，下人也毒發身亡，晉獻公以為兒子心急想早日當君主，所以來毒殺自己，大怒之下，便把兒子處死。其實，太子申生也有申辯的機會，但他說：「父王現在太喜歡驪姬，不可以一日離開她，如果我揭穿這個陰謀，父王難免就要懲罰驪姬，那就永遠不會快樂起來了。」結果，申生選擇了在宗廟自縊，了結生命。

我們可能會覺得申生的想法迂腐，不過，他這種堅持，是把自己信奉的價值觀放在首位，甚至比自己的生命更重要。這種觀念，在現代人眼中是匪夷所思的，也許，這是孟子所謂的「君子可欺之以方」，他不是不夠聰明，而是選擇了犧牲自己來成全一個信念。

　　然後，申生的兩位弟弟重耳和夷吾先後逃離晉國，驪姬的計劃得逞，當晉獻公逝世之後，十五歲的奚齊真的繼位了，不過，他並不受晉國的人民接受，只做了一個月的大王，就被晉國大夫 —— 里克 殺了；驪姬又嘗試立小兒子卓子為王，結果，還是給里克殺死。最後，晉國迎接了三弟夷吾回來當大王，晉國才可以保持強盛。

　　驪姬這場動亂，史稱「驪姬之亂」，大家沒有創作什麼神話傳說，歷史上很詳細地紀錄她用美色和陰謀，去達到一己私欲，但始終枉作小人的來龍去脈。論其「妖值」，可能沒有褒姒那麼多姿多彩，但她想得出又做得到的詭計，亦真的令人心寒。

3.2 六十歲才發力的晉文公

夷吾回國，成為了晉惠公，統治了晉國十四年，死後由兒子繼承，是為晉懷公。大家會問，不是由重耳當晉文公，然後成為「春秋五霸」嗎？怎麼又是弟弟，又是侄兒的，重耳哪兒去了？

上文提及，重耳因為「驪姬之亂」，流亡國外，我們用「流亡」兩個字，輕輕就介紹了他這段經歷，其實，他這段時間，整整熬了十九年，當他回國即位的時候，已經是六十歲了！（至於他有沒有殺死侄兒晉懷公，歷史有不同版本，我不敢妄下定論。）

大家可能會問，一個六十歲的老人家，怎能成為一代霸主呢？

事實上，晉文公即位之後，僅僅用了四年時間，就確立了霸主地位。所以說，只要用對了方法，起步遲一點，其實沒有什麼問題！晉文公迅速稱霸，不是單憑晉國的經濟與兵力，而是「企業形象」的功勞！他用「勤王周室」作為招牌，他本身是姬姓的諸侯，便切實執行對姬姓的周天子的支持。這一來，很快就拉攏了鄭國、魯國、衛國、曹國等姬姓諸侯國；這方面，齊、楚、秦等國就少了一重優勢。（後來，曹操利用漢朝天子的招牌，號令天下，也是效法晉文公的策略。）

另一個角度來看，晉文公的成功，也有「父幹」的元素。我們提過，他老爸晉獻公攻打驪國，而得到驪姬，其實，這只是老爸生命中的一場小戰役，他還打過很多勝仗。歷史稱晉獻公「併國十七，服國三十八」。很明顯，晉獻公在位之時，收服了多個小國，領土不斷增加，身家豐厚。

　　除了「父幹」之外，他和秦國的關係，也是一大助力。原來，老爸晉獻公早已把女兒嫁給秦穆公，所以，重耳在流亡的歲月，逃到秦國避禍，得到秦穆公的欣賞。後來，秦穆公更把宗女嫁了給他，再派軍隊把他護送回晉國，擁立他為晉文公。從此，秦晉兩國在整整六年的時間裏一直友好相處，沒有發生過衝突。後人常用「秦晉之好」來形容兩家人的婚姻，便是由此而來。

　　可以看到，晉文公先有豐厚的國力，加上合適的「勤王周室」作為招牌吸引眾多小國，又有秦國這種大國支持，實力一時無兩。於是，在公元前 632 年，即位後第四年的晉文公於城濮大敗楚國，奠定他的霸主地位！

小知識

「姬」— 黃帝之姓

姬字是晉文公的姓氏。上古時代共有八大姓氏，也就是姒、姜、姬、嬴、妘、嫣、姚、妊。這八個都帶個「女」字部的姓源於幾千年前的母系社會，取自於部落的名稱或部落首領的名字。「姬」姓是中華上古八大姓之一，為黃帝之姓、周朝的國姓。姬姓現位於《百家姓》第 297 位，人口只約 54 萬，但由姬姓直接演支出的周姓、吳姓、鄭姓、王姓、魯姓、曹姓、魏姓等 411 個姓，所以亦稱為「萬姓之首」。

其實「姓氏」是個分開的概念，最早產生的是「姓」，是一個家族的族號，隨著家族的壯大與人口的增加，不同分支之間為了表示區別，所以就產生了「氏」；所以，早期的時候「氏」是「姓」的分支。周朝建立以後，不同子孫分封到各地做諸侯，有些選擇保留「姬」姓，但有些逐漸以自己的封地地方名來衍生出自己的「氏」。例如著名的齊國丞相管仲也出身姬姓，但因為是小宗，所以就用封地作為氏的稱號，而後代都以「管」為姓氏。

管治天才：管仲

3.3 晉文公與清明節

　　大家未必知道，時至今日，我們每年四月，有一個公眾假期，就是因為晉文公而來。我們說的，就是「清明節」。

　　在唐代以前，分為「清明」和「寒食」兩個節日，寒食節祭祖，清明其實是用來郊遊的。後來因為兩個節日太相近，就被結合在一起。

　　寒食節是什麼？就是重耳在流亡的時候，帶著人馬逃亡，一邊逃一邊 被追殺。在最窮困的時候，重耳的好友兼大臣介子推，在大腿上割了一塊肉給重耳吃。後來，重耳才有機會成為晉文公。

　　晉文公大宴羣臣，卻漏了介子推。等晉文公記起來時，介子推一怒之下，已經帶著母親上山了，怎也不肯出現。也不知哪個大臣出的缺德計謀，叫晉文公放火燒山，說是在山的三邊燒起來，介子推必定從唯一的生路逃走。結果呢？燒山之後，介子推都不肯下山，被活生生燒死了。

晉文公在柳樹下找到介子樹的屍體，很傷心，每年都去拜祭他，並下令每年這一天，大家都不准生火，只能吃冷的食物，稱為寒食節。而那棵柳樹也重生了，被稱為「清明柳」。而今天的所謂「清明節」，原來就是清明和寒食節，二合為一的產物。

成語「退避三舍」的由來：

　　晉公子重耳在外流亡了十九年之久，先後流亡至齊，曹，宋，鄭，楚等國。楚成王問他，如果他回到晉國成為國君，如何報答楚國的恩情。重耳回答說，如果在晉楚兩國交戰時，他將率軍後退三十里，並表示如果這還不足以報答楚國的恩情，只能通過戰爭來解決勝負。楚成王對他的回答十分佩服，對他禮遇有加。後來，重耳回到晉國成為國君，在晉楚之間的濮城之戰中，他果然率領軍隊後退了九十里（古時三十里為一舍）。因此，人們常用「退避三舍」來比喻讓步或回避，以示禮讓。這個成語已經成為中華文化中重要的禮儀和謙虛謹慎的象徵。

而習之不亦說乎有朋自遠方來不亦樂乎人不知而不慍不亦君子乎

其為人也孝弟而好犯上者鮮矣不好犯上者而好作亂者未有也君子務本本立而道生孝弟也者其為仁之本與

巧言令色鮮矣仁

吾日三省吾身為人謀而不忠乎與朋友交而不信乎傳不習乎

道千乘之國敬事而信節用而愛人使民以時

弟子入則

西方霸主：秦穆公

秦國君主，勤政愛民，善於用人，推行農業改革，積極發展經濟，是秦國崛起的重要奠基人之一。

西方霸主：
秦穆公 - 秦國君主

4.1 秦晉的關係很微妙

　　春秋五霸的第三位霸主，就是秦穆公。對，就是把宗女嫁給晉文公的那一個，既然他是晉文公的外父，年紀總比女婿大十來歲吧（歷史沒有紀載他的出生年份）？晉文公當了八年君主，死時70歲，然後秦穆公才帶兵攻打晉國，四年之間出兵三次，也沒成功，轉而向西方發展，秦國在函谷關以西稱霸，「兼國十二，開地千里」（也有些說法，指他佔領了二十國西戎小國），當時的周襄王派使者送金鼓給他，表揚他開闢疆土的功勞，史稱「秦穆公霸西戎」。用晉文公的年紀來粗略估計一下，秦穆公稱霸的時候，應該是90多歲的老人家了吧，非常不簡單！

　　早前介紹過「秦晉之好」的典故，現在回想，可能只是一段政治婚姻，當晉文公去世之後，秦穆公便出兵攻打晉國，希望擴展版圖。他說：「我多次為晉國平定內亂，就連晉文公都是我立的，我才是諸侯的首領。只不過，我乃念晉文公打敗了楚

國，我才將位子讓給他。現在，晉文公已經不在了，我沒有忍讓的原因，我決定出兵，和晉國分一個高下。」

原來婚姻可以有政治成份？

政治婚姻是指在政治目的和利益的驅使下，通過聯姻的形式來達到政治目標的一種婚姻。在世界歷史上，政治婚姻非常普遍，尤其在封建社會和君主專制時期更為常見。

政治婚姻的目的往往是為了維護或擴大國家的利益，增強各方的政治實力和地位，促進政治聯盟的形成。政治婚姻的對象通常是權貴家族或國家元首的子女，婚姻的對象也往往是異族或敵對國家的貴族或公主。政治婚姻對於國家和家族的發展具有重要的意義，但也常常因為感情不和、文化差異等問題而產生悲劇。

4.2 他是好君主嗎？

史書對秦穆公的評價，還是不錯的。他在位期間，任用賢能，知人善任，把國家管理得很興盛。另外，他雖然頗有野心，但也是一個仁君，我們來看一個「穆公亡馬」的故事。穆公在位初期，在歧山有一個牧場，飼養名馬，有一次，走失了幾匹名馬，牧官當然四處尋找，結果，發現那些馬是給山下的農民吃掉了，於是，捉來了三百個農民，想按照法律來處置他們。

秦穆公說：「君子不以畜害人。吾聞食馬肉不飲酒者，傷人。」翻譯過來，就是說有德行的人不因為畜牲而殺傷人命；我聽說吃馬肉而不喝酒，就會傷身的。他不單沒有追究偷馬的事情，反而用美酒賞賜他們。

　　幾年後，秦穆公與晉惠公交戰，陷入險境，危急關頭，那三百個農民忽然殺到，助秦穆公殺出重圍，來報答吃了馬肉但未被處死的恩德。

4.3 成敗皆因秦穆公

　　歷史之中，對秦穆公在位的政績，有頗正面的評價；但他的死亡，卻很有爭議性。原來，他的殉葬人數達一百七十七人，而且都是一代名臣，殉葬之舉導致秦國人才大量凋零，有人說，如果秦穆公沒有用名臣殉葬，秦國可能會提早一統天下，由春秋直接進入秦朝（跳過戰國時代那部份。

　　《左傳》的記載是「秦伯任好卒，以子車氏三子奄息、仲行、針虎為殉，皆秦之良也，國人哀之，為之賦《黃鳥》。」《左傳》、《史記》都惋惜三良（奄息、仲行、針虎）之死，批評秦穆公以野蠻的制度害死忠良，是非常殘忍的行為。

不過，《漢書》有另外一個看法，稱秦穆公生前與三兄弟飲酒，說「生共此樂，死共此哀。」這是類似「同年同月同日死」的承諾，所以，三人的殉葬，是履行諾言，不是被迫殉葬。後世文學家如三國時的曹植、南北朝約陶淵明等，亦認同此觀點，我們來看看他們的詩句。

小知識

為什麼有人會去殉葬？

殉葬又稱陪葬，是指以器物、畜牲甚至活人陪同死者葬入墓穴，以保證死者亡魂的冥福。以活人陪葬，是古代喪葬常有的習俗。人殉並不同於人祭，並不具有人祭的宗教性質，且人殉中也會有自願殉葬的現象。

中國自古以來，有賜已死之人陪葬帝王、貴族、尊親屬等的風俗，這多半是一種褒揚死者的作法。明清時期至民國初年，更為常見的是女性因貞節旌表之故在丈夫、未婚夫逝世時，自殺以殉。此類行為備受政府和民眾推崇。

有少數人誤會，「殉葬」只限於活人或動物，事實上並沒有這麼嚴苛的限制，中華人民共和國教育部辭典網路版把「殉葬」解釋為「用人、俑或器物等陪同死者下葬」、「亦作陪葬」，並不限於活體。中國、日本、及印度都曾有類似習俗。

曹植《三良》：

功名不可為，忠義我所安。

秦穆先下世，三臣皆自殘。

生時等榮樂，既沒同憂患。

誰言捐軀易？殺身誠獨難！

陶淵明《詠三良》：

一朝長逝後，願言同此歸。

厚恩固難忘，君命安可違！

臨穴罔惟疑，投義志攸希。

到了宋朝，蘇東坡也這樣寫：

古人感一飯，尚能殺其身。
今人不復見此等，乃以所見疑古人。
古人不可望，今人益可傷。

　　他的意思是說，古人有高尚的情操，現代人（他指的是宋朝）沒有這種德行，就去懷疑人家是被迫的，非常值得悲哀。

　　時至今日，又再過多了一千年，這個殉葬的迷思，更加無從稽考，有待讀者自己去討論了。

　　秦穆公在政治、軍事和文化等方面都有許多卓越的成就，同時亦留下了許多與他相關的成語。以下是一些與秦穆公有關的成語：

1. 乘龍快婿（乘龍佳婿）

　　相傳春秋時代，秦穆公有一個聰穎絕倫的女兒弄玉公主，他欲為女兒召鄰國王子為婿，將來可做國君夫人（又是政治婚姻？），但她對音樂有著極高的要求，只有懂得音律、善吹簫的高手才能娶她為妻。一天夜裡，公主在賞月時，聽到從東方遠遠傳來的洞簫聲，並夢見一位俊俏丈夫與自己相會。秦穆公翌日馬上安排親信去尋找這位男士，最後找上蕭史。

　　蕭史來到秦宮，正好是中秋節。穆公見他舉止瀟灑，風度翩翩，心裡十分高興，馬上請他吹簫。蕭史取出玉簫，吹了起來。一曲未完，殿上的金龍、彩鳳都好像在翩翩起舞。穆公大悅，弄玉於簾內，亦喜曰：「此真吾夫矣！」穆公和太史擇日婚配，蕭史和弄玉遂成為夫妻。

　　結婚了大約半年後，兩夫婦在一個晚上見到紫鳳和赤龍來迎，蕭史說自己是上界仙人，上帝命他為華山之主，與弄玉有緣，故以簫聲作合，但他不應久住人間，於是乘龍離去，弄玉欲辭其父，但蕭史不讓她繫戀，最終弄玉公主和蕭史成為神仙。這個故事反映了古代人們對於音樂的重視，以及對於神仙和仙境的嚮往。

2. 化干戈為玉帛

秦穆公娶了晉獻公的女兒為妻，兩國非常友好。晉獻公死後，晉國發生了內亂，秦穆公幫助晉獻公的兒子晉惠公繼承了君位。

可是，晉惠公對秦國卻很不友好：晉惠公曾經答應給秦穆公黃河以西和以南的五座城，後來都不給了；晉國有饑荒，秦國給它運送粟米，船隊從雍城到絳城接連不斷；秦國有饑荒，派人到晉國請求購買糧食，晉國卻不給，還有很多很多的。秦穆公很氣憤，所以帶兵攻打晉國。

秦穆公的夫人穆姬聽說哥哥晉惠公被俘，認為晉惠公忘恩負義，現在又成了俘虜，是她的極大恥辱。她提出一個極端的要求，如果晉惠公在早晨進入國都，她就晚上自焚；晚上進入，她就早晨自焚。秦穆公只好暫時安置晉惠公在靈台。後來，秦穆公與晉惠公講和，把他送回了晉國，秦、晉兩國終於化干戈為玉帛。

這個故事告訴我們，信用和誠信是非常重要的，如果一方不守信用，容易導致戰爭和矛盾。另外，穆姬的行為也告訴我們，有時候人要為自己的榮譽和尊嚴而奮鬥，但是不要過於極端，要考慮到自己和他人的生命安全。

子曰：學而時習之，不亦說乎？有朋自遠方來，不亦樂乎？人不知而不慍，不亦君子乎？

其為人也孝弟，而好犯上者，鮮矣；不好犯上者，而好作亂者，未有也。君子務本，本立而道生。孝弟也者，其為仁之本與！

子曰：巧言令色，鮮矣仁。

曾子曰：吾日三省吾身：為人謀而不忠乎？與朋友交而不信乎？傳不習乎？

子曰：道千乘之國，敬事而信，節用而愛人，使民以時。

子曰：弟子入則

武俠精神的開端：專諸

一位犧牲自己的刺客，以暗殺「吳王」而聞名

武俠精神的開端：
專諸

5.1 吳國的王位，一筆糊塗賬說起

春秋年代由周幽王開始，歷時三百年，有兩件事標誌了這個時代的終結，包括了中原晉國分裂出韓、趙、魏三國，史稱「三家分晉」；南方的「吳越爭霸」，最後越國雖然成功，卻又被楚國所滅。於是，春秋諸國剩下齊楚燕韓趙魏秦七國，正式進入「戰國時代」。

我們來看春秋後期的吳國，那是南方大國，勢力強橫，舉足輕重。吳王壽夢有四個兒子，四兒子季扎才德兼備，天下人心都歸於他，最適合做皇帝了，但傳王位要「立嫡立長」，不能把王位傳給小兒子。於是老爸想了個妙計，先把王位傳給大兒子，告訴大兒子別把王位傳給大孫子，要把王位傳給弟弟，大兒子傳給二兒子，二傳三，三傳四，完美的季扎就可以順著這個方程式而繼位了。

「立嫡立長」真的好嗎？

古代有一句話：「立嫡不立庶，立長不立賢」。古代的皇帝一般都讓嫡長子為帝，不管嫡長子是否賢明一般都優先立嫡長子為太子，哪怕其他人做得再好也敵不過嫡長子的優勢。為什麼會這樣？

古代的皇帝一般都遵循「立嫡不立庶，立長不立賢」的制度，即優先選擇立嫡長子為太子。這是因為嫡系子弟通常都出身名門望族，且長子是不可更改的，而所謂的「賢」是可以通過手段偽造的。然而，過早確定太子也會導致太子身邊的「東宮集團」形成威脅，皇帝需要壓制太子以維持自己的權力。同時，其他皇子也可能聯合起來反對太子，導致亂局。因此，嫡長子制度和秘密建儲制度是歷史上比較成功的皇位繼承制度。確定太子的時機要恰到好處，既要避免過早確定導致不明智的選擇，也要避免過晚導致政治動盪和皇位爭奪。對太子的培養也非常重要，這有助於太子成為一個能夠掌握朝政的明君。

過了很久，三兒子終於快要死了，可以把王位傳給季扎。誰知季扎以仁德見稱，自然執著「立嫡」道統，依然不願做皇帝，自個兒浪跡天涯，辜負了全家人的苦心。三兒子就把王位傳給自己的兒子，吳王僚。但是大兒子有兒子的啊，大孫子 —— 公子光不服氣，他認為既然四叔不肯做皇帝，三叔就應該把王位還給他才對，這真是一筆糊塗賬。

5.2 廚子殺手

主角終於出場了，伍子胥引薦了刺客專諸給公子光。公子光求專諸幫忙刺殺吳王僚，奪回王位，「求」的過程中必定有些花言巧語，說了些「我把我的身體當成你的身體」、「我會照顧你的家人」，終於哄得專諸幫他賣命。我們稱之為「賣命」，專老兄也的確收下了幾句話，就命都不要了。

那時，吳王僚雖掌握主力兵權，但主力大軍在楚國糾纏，正好提供一個千載難逢的機會。公子光就請吳王僚來家中吃飯，吳王僚早知公子光想殺他，早就做好防備，七步一個衛士，身披幾層重甲才去吃飯。吃了一會飯，公子光裝作腳痛，先行退席。

這時候，專諸扮成廚師，捧著燒魚上前。魚燒到一半，專諸忽然把燒魚的手柄拔出來，劈頭向吳王僚斬去，這就是著名的「魚腸劍」。雖然吳王僚身披重甲，但幾層重甲也被一劍捅穿。

廚師不是扮出來的

因專諸曾在太湖邊學燒魚，後人把他奉為「廚師之祖」，舊時城內居民時常前往焚香祭奠。現在蘇杭一帶的名菜「糖醋魚」乃「糖醋黃河鯉」的簡稱或俗呼，就是『全炙魚』(有稱)全魚炙(者)的傳承及代表，而它的發明者正是教專諸做魚的人，春秋時期名廚太和公(或太湖公)。

要知道，吳國是打造武器的名牌廠家，干將、莫邪、巨闕、魚腸劍都是吳國的鎮店之寶，想來，它可能不是盔甲的名牌，幾層重甲都敵不過專諸一劍，可見吳國鑄劍雖然厲害，造甲的技術確實有缺陷，也直接害死了領導人吳王僚。

魚腸劍因為由魚腸整成？

答案肯定是「不」，但被稱為「魚腸劍」亦有其原因。

有一種說法認為，古代的魚腸剖開後形狀曲折，凹凸不平，與古劍劍身上的花紋相似，因此這種劍被稱為魚腸劍。清朝吳大皙據說藏有戰國魚腸劍的墨拓本，上面的花紋宛如魚腸一般，不僅有魚腸形狀，還有龜文、高山、流波、芙蓉等各種花紋。

另一種說法認為魚腸劍得名因其可小巧藏於魚腹中。一種可能是劍身細長柔韌，可插入魚口，在胃腸中彎曲，抽出後恢復原形，堅韌而鋒利。也有說因為它是眾多名劍中最小巧的之一，類似短刃或匕首，所以而得名。

　　當然，專諸贏了之後，馬上被斬成肉醬，以一敵千只是神話。然後公子光兵馬衝進來，吳王僚已死，蛇無頭不行，他的手下很快就被制伏了。公子光登基，他就是吳王夫差的老爸。後來，吳王夫差也成了春秋末年的一代霸主。

　　專諸的故事非常熱血，有一種「捨生取義」的感覺，但仔細想想，他是不是做了一件很正義的事呢？ 搶王位的吳王僚一定是壞蛋嗎？公子光一定是好人？ 我們只看到他說了幾句好話，但我們也可以看見，那種被人賞識的喜悅，能讓一個古人把命交出來。專諸這段事蹟，記載在司馬遷的《史記：刺客列傳》之中，而司馬遷在《史記：遊俠列傳》裏面，對俠客下了一個定義，有「已諾必誠，不愛其軀」的說法，捨身取義，幾乎是那種俠義之士的必答題。

5.3 專諸的成就沒有被忘記

　　專諸的刺殺事件在春秋時代政治制度方面產生了一定的影響，反映了當時社會和國與國之間的狀況和矛盾，也推動了春秋時代不同制度的發展和完善。

首先，這場事件加強了皇權的掌控和集中。專諸的刺殺事件反映了當時社會上的鬥爭和社會矛盾，也表明瞭統治者面臨的安全隱患，引起了當時統治者對於自身安全的重視。

　　此外，這也引起了當時統治者對於文化控制的重視。針對這種事件，當時的統治者對文化進行了嚴格的管控和規範，以維護自己的統治地位。

　　吳國的第 24 任君主 ─ 闔閭（音：盒雷）（《荀子》將佢列入「春秋五霸」其中一位）為了紀念專諸的犧牲，便封專諸之子 ─ 專毅為上卿（春秋戰國時期，諸侯國都有卿，分上、中、下級。上卿相當於宰相，位在大夫之上），並根據專諸遺願葬在

泰伯皇墳旁。如今鴻山東嶺仍有「專諸墓」存。相傳無錫市大
婁巷的「專諸塔」，是闔閭替他葬的優禮墓。邑人秦頌碩曾寫
「專諸塔」一詩：

一劍酬恩拓霸圖，

可憐花草故宮蕪；

瓣香俠骨留殘塔，

片土居然尚屬吳。

（照片來源：互聯網）

子曰：學而時習之，不亦說乎？有朋自遠方來，不亦樂乎？人不知而不慍，不亦君子乎？

其為人也孝弟，而好犯上者，鮮矣；不好犯上者，而好作亂者，未有也。君子務本，本立而道生。孝弟也者，其為仁之本與！

子曰：巧言令色，鮮矣仁。

曾子曰：吾日三省吾身：為人謀而不忠乎？與朋友交而不信乎？傳不習乎？

子曰：道千乘之國，敬事而信，節用而愛人，使民以時。

弟子入則

財神是這樣煉成的…

范蠡

春秋末期政治家、軍事家、謀略家、經濟學家和道家學者，後世說他是財神。

財神是這樣煉成的：
范蠡

　　我們常見的財神，叫做范蠡（音：禮），大家對范蠡的認識，很多時來自著名的美人西施。首先，他物識了西施，然後把她獻給吳王夫差，利用美人計，使吳國生亂，幫助越王勾踐去打敗吳國。傳說事成之後，范蠡就帶走了西施，兩口子泛舟於五湖。這時候，大家都覺得故事完結了，這樣一說，范蠡似乎應該當月老啊。但事實上，西施和他的結局，相信不是那麼理想，他們是不是一對，也成疑問。

　　這是因為在西施的戲曲中，常常都說她和范蠡是一對，有戲曲寫范蠡發掘了西施，但一見鍾情，在送她去吳國還是留給自己之間，內心很多掙扎。到了金庸小說《越女劍》中，也說他們是情侶……經過不同的傳媒口中，我們都相信了這件事，但其實歷史中並沒有真正提及過他倆的關係。

越國把西施當成禮物，送給了吳王夫差，希望他沉迷美色。越國擊敗吳國後，西施就下落不明了，對於她的下落，有很多不同的說法。比較可信的說法，是指她回越國後，越王的老婆說西施是「不祥之物」，把她推進河裡淹死了，可能是怕西施跟她搶越王。

另外有些奇怪的說法，例如西施回越國後，要回家待奉母親，范蠡則要接濟西施。其實再仔細想想，西施就算在吳國做不成王后，也算是寵妃吧，總有點私房錢吧，居然還要范蠡接濟，這個有點耐人尋味。結果范蠡有一次遲了去西施家，恰巧她的母親病死了，西施很傷心，跳湖自盡，故事還說得范蠡眼睜睜看著西施跳入湖中，看來大家都希望把劇情形象化。

有關西施的民間故事很多，但其實《史記》《左傳》中並未提及過西施這個人，只有墨子曾提過西施被沉進湖裡淹死。這也是不少人相信西施真正存在的原因。史書中反而有提及范蠡在吳國被打敗之後的生活。他贏仗後已經 68 歲，帶著子孫離開越國……對，范蠡有子有孫，而都不是西施生的。

為什麼范蠡可以做財神呢？

　　如果他只是幫助戰敗國（越國）重整旗鼓，春秋戰國時這種故事多不勝數，事實上，我們平時看的歷史中，只讀到范蠡的前半生，不知道他的下半生亦十分精彩。

　　范蠡在五湖（即現在的太湖，位於江蘇和浙江兩省的交界處，是中國第三大淡水湖。）泛舟了許久，結果去了齊國，他改了個名，不叫范蠡，叫「鴟夷子皮」，意思是大皮袋。有人懷疑他是為了紀念西施，而改這個古怪名字的，因為西施被人塞進大皮袋中，沉進湖裡。

　　改了名做皮袋後，《史記》說范蠡在齊國「耕於海畔，苦身戮力，父子治產，居無幾何，置產數千萬。」在海邊耕了幾年的田，沒多久就發財了。有人說，為啥范蠡要在五湖泛舟，就是為了找一個富庶的地方，而齊位處海邊，可能范蠡不止是耕田，還做了私鹽生意，那時的鹽是一個很大的資產。

范蠡在齊國做了富翁，也出了名，齊王都認識他了，不知道他是范蠡，只知他是富翁皮袋，於是就任命范蠡為丞相。范蠡做了一段時間後，又離開了齊國，為什麼要離開？因為他覺得自己「居家則致千金，居官則至卿相，此布衣之極也。久受尊名不祥。」樣樣都能做到最好，再待在高位上就不祥了，古時說「不祥」兩字，未必是迷信，也可以是「不應該」的意思。於是范蠡把家財全送給別人，接著又去了陶，發展第三場生意，所以後人也稱他為「陶朱公」。

　　范蠡有幾個做生意的秘訣，和大家分享一下。他有個「待乏原則」，他相信這世界是一個循環，旺了一輪就會淡，在淡季時入貨，等大家急需時就能賺錢了。他有兩句很好的說話：「夏則資皮，冬則資絺；旱則資舟，水則資車。」旱季時買船，旱季完了，大家都沒有船，你就必須要向我買了，簡單點來說就是壓貨。（這一點是需要眼光的，2020 年有人誤信謠言，大量屯積廁紙，那就虧大本了。）

第二是「逐十一之利」，不追求暴利，賺一成就夠了，因為當你不追求暴利時，你就能做很多生意，薄利多銷。這有一點矛盾，當你手上聚集了大量眾人渴求的貨品，真的只有十一之利嗎？所以他可能是指各方面的生意，不止是壓貨。

　　當然他還有「誠實經商」等原則，當你「逐十一之利」時，也的確容易誠實經商，你都說明是賺十分一了，難道你不讓我賺嗎？簡單點來說，他不會涉及投機炒賣。

　　最後是「富而好施」，要做社會企業，做 NGO，范蠡在齊國致富後，把家財全送給人了，在陶發財後，也不斷捐款，出錢教人做生意。這四個只是大原則，還有很多細節，大家可以再研究。范蠡能做文財神，也確實說得通。

　　文財神是「正財」，就是教你經營管理的方法，大家不要只拜財神，拜完後就去買六合彩。

范蠡起初去越王處打工，也可能有「旱則資舟」的意思，先挑個差勁的老闆，等他先跌後回升。他去了越國後，很快就做了一個頗重要的官。沒多久，越國就被吳國打敗，越王勾踐也被人捉去做奴隸了，他就是「臥薪嘗膽」的主角，但史書中只有記載嘗膽，沒有提過臥薪，可能是為了湊成四字成語而加上去的。這就是表忠心的時候了，范蠡跟著勾踐去吳國做奴隸。

　　吳王夫差有兩個很重要的大臣；一個是伍子胥，理智好戰，另一個叫伯嚭，有點婦人之仁，也有些貪錢，很容易賄賂。兩個人的政見永遠都相反，一個主戰，一個主和，天天在朝堂上吵個不停。一個國家有兩個反對黨是挺麻煩的，也可能是那年代沒什麼娛樂，西施又未到手，吳王就喜歡看辯論比賽，所以西施來了後，就把伍子胥殺掉了。

　　伍子胥與伯嚭常爭論，到底是該放了勾踐，還是該把他殺掉，好戰的說把勾踐放走是放虎歸山，主和那邊說放走勾踐能彰顯國家的正面形象，那時越國的實力很差，又沒錢又沒軍隊，似乎不太可能復仇，放了他反而更有利。兩個說法都有道理，但如果我們以成敗論英雄，當然就會說「早知該聽伍子胥」的。

這亦顯示當時勾踐的處境十分危險，說好他要做三年奴隸，可沒說三年後是殺他還是放他。那時在打仗，孟子曾說過：「春秋無義戰。」強存弱亡，可不會跟你談公義。

　　勾踐該如何在吳國生存下去？這就是范蠡大展身手的時候了。吳王曾有一段時間，起了心要殺勾踐，但恰巧他病了，王上病倒，大家當然很緊張。神秘的事情發生了，范蠡有一項絕技，他對勾踐說：「吳王夫差會在己寅這一天好轉，王申這一天病好。要讓你和夫差之間的關係變好，你就要找個機會，拿他的糞便來嘗一嘗，告訴他，你試了味，才知道他什麼時候病好病癒。」勾踐也是一國之君，范蠡居然能叫他去嘗糞便便，都不知是否作弄他。但那時勾踐已經沒主意了，范蠡又連日子都能準確地說出來，只得照做。

　　故事說得十分繪影繪聲，吳王夫差躺病在宮中，宰相伯嚭（音：鄙）用盆裝著他的糞便，拿出來倒掉。伯嚭倒便便？難道是吳國的奴隸不夠，要動用到宰相來倒？可能是伯嚭也想趁這個時候來表忠心，表現給吳王看「我肯幫你倒糞」，誰知他雖然倒糞，居然一山還有一山高，竟然有人來吃！

勾踐去到宮門口，碰上伯嚭，一手把便便掏出來嘗一口，就跟伯嚭說吳王會什麼時候好轉，伯嚭轉告吳王，吳王要見夫差。勾踐就對吳王說，因為我嘗到了這種味，所以我認為你應該快要好轉了。勾踐也不怕吳王說：「你真厲害，從此你就留在我身邊嘗糞吧，我還有妻子兒女，我老了也會病，你就別走了。」

幸好吳王夫差講義氣，決定三年後把勾踐放走。不過中途還有很多波折，伍子胥覺得放虎歸山太危險了，他曾試圖刺殺勾踐，豈料吳王大宴羣臣時，給勾踐坐上上賓之位，伍子胥知道吳王改變了心意，十分失望，就放棄刺殺，連飯也不吃便離開了。有時候，智者在關鍵時刻真的不能鬥氣。結果吳王放了勾踐，亦導致勾踐更信任范蠡。（有記載指，勾踐從此患上了口臭病，宮女妃子怕他口臭，對他掩鼻，他十分不滿。）

回越國後有很多事做，包括送美女讓吳王腐敗，但越王只是個小國，吳王是大國，難道一個大國完全沒美女？大家總說得西施如何受吳王寵愛，可是正史中並沒有西施存在，也就是說，她沒有宮鬥成功到成為吳國王后。可能西施是真實存在的，但是否一個西施就能迷惑吳王，不理朝政？

後來有些戲曲，甚至說到伯嚭辯不過伍子胥，就換西施出來辯論，完勝伍子胥。看來，有時辯論的輸贏不止在於辯才，還在於裁判（吳王）的偏幫，被偏幫是一定會贏的。這些故事都沒有正史記載，所以人們常常研究，到底西施是否存在，下落如何？

　　不過，亡國的責任總是要推到女人的頭上的，總是要有個奸妃，但這次奸妃的形象比較正面，因為我們多把越國當成正義的一方，這很可能是因為范蠡，大家覺得范蠡是忠的，連帶覺得勾踐也是好人了。吳王夫差唯有做暴君的角色，但看史書又不覺得他有什麼暴行，唯有給他一個奸妃，塑造被美色迷惑的形象。後世有很多詩詞幫西施平反，北宋著名政治家王安石曾寫道：「謀臣本自繫安危，賤妾何能作禍基。但願君王誅宰嚭，不愁宮裡有西施。」把伯嚭當成壞人，殺了他就成了，「賤妾」並不是一個很貶義的詞語，只是說女人再美，都沒能力左右朝政方針，所有的錯誤決定都是君主自己做的，不會因為西施存在就殺了伍子胥。

回到越國後，連越王勾踐都放棄復仇了，打算把所有人民帶進深山做野人。范蠡就說他有方法讓越國打敗吳國，說服勾踐留在原地，勾踐當然興奮，這份深仇可不止是做了三年奴隸這麼簡單，吃人便便才難以出口。有後人解釋，范蠡特地要勾踐去嘗糞，目的是加深勾踐向吳國復仇的意志。

　　除了「十年生聚，十年教訓」，促進農業、採礦讓越國富強外，越國還要建一個都城。這件事是很危險的，吳王夫差若看見越國建城牆，難免會覺得越國把他當外人，故意防備他。結果，越國建了一個很小的都城，讓吳王覺得越國只是小國，越國位處吳國南邊，所以越國城池的北邊是沒有城牆的，表明「我的城牆只是防禦外敵，並不防吳國」，向吳國示好。但是越國在北邊建了個瞭望台。對，我們是沒城牆，但你若打過來，未到達城池我們已經發現了，這叫「外弛內張」，表面鬆散，內裡其實防守嚴密。這通通都是范蠡的主意，那時甚至有個城叫「蠡城」。

在冷兵器時代，打仗最重要的是武器，越國的兵器是很有名的，范蠡偷偷把鑄劍師聚在一起，藏在深山中幫越國鑄兵器。考古時發現了越王勾踐的佩劍，發現裡面除了銅外，還含有很多稀有金屬，那把劍至今二千多年，居然還未生鏽。

接著就是練兵了，雖然沒法教士兵九陽神功，但最重要的是士氣，鼓勵他們拚命，那怎樣令他們拚死去打仗呢？范蠡教了越王勾踐一招。有一次勾踐出巡，看見路邊有隻青蛙，鼓起雙鰓，怒氣呼呼的模樣。勾踐下了車，對青蛙敬禮，士兵都大惑不解，之後勾踐解釋：「我訓練了軍隊這麼多年，都不曾見過有士兵像這隻青蛙一樣，充滿怒氣，終於給我找到真正的偶像，居然是一隻青蛙。」青蛙鼓鰓當然不是因為生氣，但勾踐的態度讓士兵知道，皇上希望我們好勇鬥狠。

做了很多建設後，越國的實力開始強大了。剛才說勾踐的智力不是很高，因為他回到越國兩年後，就想反攻吳國了，居然有官員拍馬屁支持他。范蠡連忙反對，說現在「天時、地利、人和」都沒有，不能打吳國。

再過兩年，勾踐又想起兵了，范蠡又阻止他：「現在我們的實力變強了，但還未足夠，要再等。」再多等兩年，名將伍子胥被吳王殺了，人事的問題似乎已經解決了，勾踐又想出兵，范蠡再阻止他，三度阻止老闆復仇，這真的需要勇氣。

　　范蠡說：「人事的問題解決了，尚欠天時地利。」勾踐還肯信他，也真的有點困難。又過幾年，吳國饑荒，天時來了！范蠡又說：「現在有了天時，人事那邊又欠缺了。」這樣一說，老死也沒法出兵吧。但事實上，實力不夠時攻打吳國，未必會贏，還會把所有實力暴露出來，越國已經輸了一次，再輸人家可不會讓你做三年奴隸就過關。范蠡可能是小心謹慎，要萬全之策，也可能是范蠡知道「飛鳥盡，良弓藏」，他想做久一點的官，就要保住飛鳥。

結果真的等了十九年，吳王夫差突然去北邊打仗，後防空虛。范蠡已經無法阻止勾踐了，只能盤算：打勝了仗後，范蠡馬上離開了。作為財神，他懂得進退，便對勾踐說：「皇上，你不來找我，我也要去勸你出兵了，這是千載萬逢的機會。但吳王才剛剛出發，隨時可以回師防禦，你要多等幾個月，等他的大軍與敵人纏鬥，才可出兵。」最後終於贏了，事後看這個做法很聰明，不過可能早十年打也是會贏的，誰曉得呢？

　　打勝了仗，范蠡馬上離開了。作為財神，他懂審時度勢，看老闆面色，他一早知道不能長久在這個老闆處打工。范蠡有個同事叫文種，在經營策略上不相伯仲，打勝仗後，文種想在越國繼續做官，范蠡就說：「飛鳥盡，良弓藏；狡兔死，走狗烹。越王為人 長頸鳥喙，可與共患難，不可與共樂。子何不去？」《吳越春秋》則說越王「鷹視狼步」，一看就知道是壞人了。果然，沒多久文種就被勾踐殺了。

「范蠡泛五湖」有什麼寓意？

　　「范蠡泛五湖」是一個富有道家思想的典故，它暗示著「功成身退」的哲學觀念。范蠡不僅精於商業，也熟悉治國和軍事學。他的學問和行事都接近道家思想，而「范蠡泛五湖」的故事正是最佳的例子。

　　根據《吳越春秋》的記載，越王勾踐戰勝吳國，國家歡慶，但范蠡知道越王不會因此而高興。他了解越王的性格，認為「可與共患難，而不可共處樂」，所以決定離開。即便越王極力挽留，范蠡仍然不為所動。他乘坐小船遊覽「五湖」，最終在太湖北邊的五里湖定居。范蠡在這裡過著悠閒的生活，營商、當官，賺了不少錢，但也把家財散盡，分給貧苦百姓，最終隱居終老。

　　「范蠡泛五湖」這個故事通常用來形容人們功成身退、避禍求安的哲學觀念，或者描繪悠閒泛舟、歸隱江湖的心態。范蠡能夠放下功名富貴，不執著眼前所有，並願意分享給別人。最終，他能夠進退有度，享受晚年的寧靜。這個故事告訴我們要謙虛與放下，不要執著功名，應該求得內心的平靜和滿足。

財神是這樣煉成的：范蠡

學而時習之，不亦說乎？有朋自遠方來，不亦樂乎？人不知而不慍，不亦君子乎？

其為人也孝弟，而好犯上者，鮮矣；不好犯上，而好作亂者，未有也。君子務本，本立而道生。孝弟也者，其為仁之本與！

巧言令色，鮮矣仁。

曾子曰：吾日三省吾身：為人謀而不忠乎？與朋友交而不信乎？傳不習乎？

道千乘之國，敬事而信，節用而愛人，使民以時。

弟子入則……

道家始祖：老子

老子是春秋時代著名的思想家、哲學家和道家學派的創始人之一，被譽為中國古代文化的奠基者之一。

道家始祖：
老子

7.1 一個圖書館館長的學問

老子著作的《道德經》，可以說是中國文化中最重要的一部典籍，我一直也想不明白，為什麼中學教材中獨欠了這經典之作，導致大家誤以為道家思想就是一味的迷信。

後來才想起，老子的主題思想提倡大家讀少點書，又的確不太適合小朋友。是的，《道德經》很清楚地寫著「絕學無憂」，不去學習，人就不會憂傷，憂慮的原因是學得太多了。怪不得有老師說，孩子年幼的時候，不要把老子的道家思想教給他們，他們很容易會曲解裡頭的內容

老子究竟是什麼人？

歷史中，他本名是李耳，在當時的政府中，擔任類似圖書館館長的職位。要知道，那時許多知識與文獻都不在民間流傳，李耳近水樓台，可以閱讀大量珍貴的資料，故此他寫出來的作品就更有條理與深度。

老子曾說自己「不求聞達」，是很低調的人，不過，他是否真的那麼低調呢？似乎又未必。《史記》有記載，孔子曾向老子問道，請教老子關於「禮」的事情，問答的內容不多提了，最重要的是，孔子覺得老子十分出色，值得向他學習。

　　很多年之後，道家另一個宗師莊子寫故事，也提到這件事。他說孔子看見老子時，被老子的威嚴嚇得跌倒了，眼中的老子不是一個人，而是一條龍。莊子承傳了老子的學說，自然要找人來襯托老子的強大，記載亦難免誇大。

　　據《史記》所載，孔子問道後，孔子的學生問他們談了什麼，孔子回答：「如果我們談飛禽走獸，自然界的東西，我是懂的，但和我談『龍』的事情，我就說不上來了。」很明顯，孔子對老子的評價，也是十分高的。

　　不過，老子不好名利，舒服地做他的圖書館館長，追求學問，尋求他的道。為何道教叫「道」呢？因為老子談論的是「道」 的運行，故此，及他的著作亦叫《道德經》。

當時，老子寫了八十一篇文章，第一篇就是「道可道，非常道」，這是上卷，以「道」字開頭；下卷的開首則是「上德不德，是以有德」，以「德」為主題，「道」是「德」的本性；「德」是「道」的體現，把兩件事嵌在一起，就成了《道德經》。這又和曾經流行的「道德重整運動」可完全沒有關係。

小知識

「道德重整運動」（Buchmanism）由美國牧師法蘭克•卜克曼博士發起，他後來去了英國的牛津大學教學。他當時覺得西方社會中的基督徒欠缺道德的骨幹，因而開始對社會上種種不正常現象有改革的決心。二次大戰前夕，眼見歐洲各國都在準備開戰，面對短短幾十年就發生兩次世界大戰的事實，他覺得世界和平原來需要由每個人的內心改造開始，於是提出了「『道德』與『精神』的重整」。他同時提出四個絕對的道德標準：絕對誠實、絕對純潔、絕對無私、絕對仁愛，作為自我反省的要求。二次大戰之後，「道德重整」想法在全世界流行起來。「道德重整運動」亦曾經吸引不少香港的專上院校學生參與。

自此，《道德經》就成了道教的經典典籍，後來的發展也是根據這本書開始的，翻譯版本也頗受西方人歡迎，道教就被譯為「Taoism」。

　　《道德經》只有五千字，文字精煉，看完不難，但看懂就很不容易了。每幾年看一次，都有新的體會，似乎說得很耐人尋味。年青讀者就算把全篇強背下來，也未必能接受它的道理。例如它叫我們做人不要那麼強、柔弱比強好、不要太有計劃、不要努力讀書……等等。不過，隨著年紀增長，歷練多了，卻有不同層次的體會。建議學生們可以每年重看一次《道德經》看看感受是否不同。

　　《道德經》包羅萬有，有生活之道、政治、管理學、兵法等等。老子是反戰的，但一定要打仗的時候怎麼辦，他也提供了兵法。五千多字，就 包含了這麼多範疇的知識，確實值得研究，現在以《道德經》看管理學也成了一個很大的學派。學生們如果有空可以在網上輸入「道德經 管理學」等關鍵詞，便會發現很多有關書籍。

老子雖是道教的始祖，但他絕對沒想過後世會有「道教」。他的《道德經》很像我們寫網絡潮文，八十一章的內容都是獨立的，並不連貫，這章說兵法，下一章又叫你不要打仗。每章字數不長；一來，那時用竹簡寫文章，沒可能長篇大論；二來，老子要在短時間內完成文章，趕急之下，只能寫短一點。

為啥他趕著寫《道德經》呢？

7.2 《道德經》的由來

說起來，老子也挺倒楣的，好好的當圖書館館長，卻遇上戰亂，圖書館也受到波及，人們把書搬走了，他大概是背了黑鍋，失業了。失業後，老子騎著一隻牛，向西方進發，經過函谷關。

函谷關的關令（即類似現時的邊境官員）尹喜看到異象，有個成語叫「紫氣東來」，就是說尹喜看見東邊有一陣紫色的光，終於看到有個人騎著牛經過，那就是老子了。尹喜不認識老子，但他根據這個異象，知道老子一定是高人，所以就跟老子說，你一定要留下一些學問，我才讓你過關。老子在函谷關留了一

段時間，終於寫出了《道德經》，之後就過了函谷關。歷史比較戲劇性，當然告訴我們，老子一晚就寫好了八十一篇。

老子離開函谷關後去了哪裡？

眾說紛紜，有人說他去了秦國，再誇張點的說法，是老子去了西域，叫「老子化胡」，甚至有《老子化胡經》。元朝曾有佛道兩家的辯論大會，佛家勝出，就把很多道家的典籍燒了，包括《老子化胡經》，所以這本經書就失傳了，至於《道德經》已經廣為流傳了，人們甚至可以背出來，所以燒了也沒意思。

小知識

函谷關

函谷關在春秋戰國時代由秦國所建。「因在谷中，深險如函而得名。東自崤山，西至潼津，通名函谷，號稱天險。」因為其地勢險要，路面最窄之處只容得下一輛馬車通行，作為附近地區唯一平坦的通道，函谷關一直是一個軍事重要據點。函谷關另一個比較特殊之處是它被道家和之後的道教視為聖地。1992 年，函谷關遺址被開發，現以成為河南省內的旅遊景點之一。

7.3 不迷信的神話人物

　　有趣的是，老子是反迷信的，他說：「天地不仁，以萬物為芻（音：初）狗。」芻狗指祭品，用草紮成的。老子的意思是，天地是沒感情的，世上所有的東西對老天而言，都等如拿來燒的祭品，微賤無用，所以老天是不會同情你的，你也不用求祂，大家做好自己就成了。

來源：互聯網

　　在那個年代，不止老子，孔子也說：「子不語怪力亂神。」他也是鼓吹不迷信的，但到了後世，孩子不讀書怎麼辦，人們還是會去上香給孔子，老子更成了充斥茅山、符籙、風水的道教的祖師。

道家的變化是有跡可尋的，東漢時代（25 年 – 220 年），張天師創立了「五斗米道」，付五斗米會費就可以入教，如果是在現代，可能就會叫「一百元道」。「五斗米道」有符籙、符水幫人治病，那個世界醫術不昌明，這個教派能治病，自然吸納了不少徒子徒孫。

　　一個宗教有了技術，也要有個好聽的名堂，找一些神祇供人參拜。那時距離老子的時代已有六七百年，老子既著名，又寫了本經書，於是張天師就把老子追封為道教的祖師爺，老子本人可不知道自己是道教 的。

7.4 活在《西遊記》和《封神榜》的老子平行宇宙

　　老子既然是神，為什麼還被函谷關的尹喜留住了？後人解釋說到了春秋時代，老子輪迴到人世，是為了留下《道德經》給我們，即使在化胡之後，老子也不曾離開。

後人說起故事來，也把老子視為老大，老子在不同的神話中都有出場，不論是《西遊記》還是《封神榜》，老子都非常強大，與天地共生，排名只在鴻鈞老祖之後。《西遊記》說老子在三十三天的「離恨天」，比玉皇大帝更高級，孫悟空也不夠老子打，被老子塞進了煉丹爐，才有了金睛火眼。老子還造了七、八件寶貝，包括鐵扇公主的芭蕉扇、觀世音的楊枝玉露瓶。

　　《封神榜》中最強的一場仗，元始天尊對決通天教主，通天教主那邊全都是怪獸，助紂為虐，元始天尊等人要伐紂時，通天教主弄了幾個陣法去阻擋，其中一個叫「誅仙陣」，眾仙都闖不過。這時候，老子騎著牛來幫元始天尊，打到一半時，老子召喚自己的元神來助陣，叫「上清道人」，上清道人一出場就要唸詩，其中兩句是「紫氣東來三萬里，函關初度五千年」；再打一會兒，又召喚了一個「玉清道人」，玉清道人則念「我體本同天地老，須彌山倒性還存」。

小知識

兩本著名的神話故事

《西遊記》是明代小說家吳承恩 (1500-1582) 的巨著，而《封神榜》則是明代小說家許仲琳 (1560-1630) 大約在 40 歲時寫成，兩者相差了約半世紀時間所以《西遊記》的成書年代要比《封神榜》早，老子能夠同時出現在兩本神話中，儼如時下英雄人物的平行宇宙。

通天教主已經很強了，卻也不認識這堆道人，只知正在與一個勢均力敵的對手決鬥時，突然多了一個高手，過一會再來一個「太清道人」，念著「參透天地玄黃理，任你旁門望眼穿」，那些旁門左道，怎麼也不可能曉得我們三個的身份了，通天教主就被圍毆了。這三個道人都是老子的分身，故有「一氣化三清」的說法。

叮囑大家不要迷信的老子，結果被神化到這種地步，想來他自己也始料不及。

7.5 道德經的中心思想

　　老子的哲學，其實是叫大家回到孩童時天真無憂的狀態，但這個小朋友又不准玩玩具，不可以追求感官享受，是「聖人為腹不為口」，吃東西不應是為了口腹之欲，只是為飽肚而已。這種哲學對現代人而言很難接受，但上了年紀時，仔細一想，又有些道理。

　　《道德經》博大精深，先說人生哲學，《道德經》最重「自然」和「無為」，要像一個嬰孩，這態度叫「抱樸守真」，如第十九章就叫人「絕聖棄智，絕仁棄義，絕巧棄利」，機關算盡太聰明，不要用太多智謀；仁義也用不著了，因為仁義是後天加給你的，人天生就應該慈悲，而不是因仁義的規矩而慈悲；絕巧棄利，就是連美麗精彩的東西，例如玩意、藝術品，都不要了。人應該「見素抱樸，少思寡欲」，別思考太多，不要有太多的慾求，想要的東西越少，就越像一個嬰兒。

7.6 Be Baby

　　第二十八章教我們「知其雄，守其雌，為天下溪」，大家認為很厲害的東西，你只要知道就可以了，眾人看不起的東西，你反而要保存它，令自己像山谷一樣，才可以「常德不離，復歸於嬰兒」。

　　那做嬰兒有什麼好處？

　　第五十五章說：「含德之厚，比於赤子，未知牝牡之合而脧作，精之至也。終日號而不嗄，和之至也。物壯則老，謂之不道，不道早已」，即是嬰兒哭一整天，聲音也不會沙啞，那是因為他元氣充足；同時，嬰兒也沒有慾念，不懂得男女之事，但他精力充足，所以生殖器會自動充血。

　　我們認為嬰兒很柔弱，其實他才是最強的，「物壯則老」，我們不斷鍛鍊，以為越來越強壯，其實是漸漸老去了，這時候已經離開道了，離開了道，就會早死。是不是有點像武打明星李小龍先生「Be Water」的說法呢？

道家始祖：老子

7.7 老子的理財觀念

　　另一個想法是不要有慾望，《道德經》中說：「名與身孰親？身與貨孰多？其愛必大費，多藏必厚亡」，名氣重要還是身體重要？既然是身體重要，那沒理由要為名氣而拚命。身體與貨物哪個較重要？沒理由覺得貨物更重要吧，但追求名利時，身體就會削弱了。藏的珍寶越多，就死得越快。

　　可以想像的是，如果對二、三十歲的年輕人說，名利不重要，你要減少這些慾望才能長命。年輕人自然聽不進去，心裡會想：「長命？跟我有什麼關係。」但到了一定年紀，一輩子汲汲營營追求名利，有時難免會覺得疲倦了，就開始認同《道德經》的看法，所以《道德經》較受年長者的歡迎。

　　我們常在揮春上寫「金玉滿堂」，其實也是出自《道德經》的，但《道德經》的原文是「金玉滿堂，莫之能守」，當你有許多珍寶時，你是守不住的。這句對於剛出來找工作人士可能亦聽不入耳。

第十二章說：「五色令人目盲，五音令人耳聾，五味令人口爽，難得之貨令人行妨」，難得的東西反 而妨礙我們的行為，就像上網拍賣一樣，越難得越想要。每個人實際的需要有限，據研究，我們每人每個月真正所須的消費，大約只有 2-30%，有超過七成並不是我們真正的需要，家中有很多雙鞋，但真正會穿的可能只有兩對。

　　後來，莊子的比喻也很精闢，「鼴鼠飲河，不過滿腹」，一隻老鼠在河邊很快樂地喝水，喝得再多，最多把肚子喝脹，牠還能帶走多少？但在經濟發展的環境下，大家未必能夠接受。

　　你又認同他的想法多少呢？

道家始祖：老子

　　著名人士經常會說出至理名言，這些金句常常能夠深入人心，讓人對事物有更深刻的理解。當我們在談話過程中講出這些金句時，也會因此顯得更有深度，因為這些金句能夠啟發我們對於人生、哲學和文化的思考。當然，說出來時能夠理解背後的意義，會顯得更有意思啦！

1. 道可道，非常道。名可名，非常名。
—《道德經》第一章，指出道是無法被言語所描述的，因為言語是有限的，而道是無限的。

2. 為學日益，為道日損。損之又損，以至於無為。
—《道德經》第四十八章，強調學習知識和追求道是不同的，學習知識可以增加，但追求道則需要不斷減少自我，直到達到無為而治的境界。

3. 上善若水，水善利萬物而不爭。
—《道德經》第八章，用水的特質來描述道德的本質，水不爭不競，卻能夠滋養萬物，道德也應如此。

4. 為無為，事無事，味無味。
—《道德經》第二章，強調無為而治的哲學，只有在不做為的情況下，才能夠真正掌握萬物的本質。

5. 知人者智，自知者明。勝人者有力，自勝者強。

—《道德經》第三十三章，強調自我反省和自我成長的重要性，只有了解自己，才能夠真正理解他人，進而成為一個強大的領袖。

6. 勇於敢則殺，勇於不敢則活。

—《道家內篇》第九篇，說明勇氣的重要性，當面對危險時，應該要有勇氣去面對，否則只會活得毫無意義。

7. 治大國如烹小鮮，以道蒞天下，其鬼不神；非其鬼不神，其神不傷人。

—《道德經》第六十章，強調領袖應該像烹飪小鮮一樣，小心謹慎地治理國家，而不是過度干預，只有透過道德的力量，才能夠真正管理好國家。

8. 天下皆知美之為美，斯惡已；皆知善之為善，斯不善已。

—《道德經》第二章，指出人們常常被外表所迷惑，而失去了真正的美和善的本質。

9. 大音希聲，大象無形，道隱無名。

—《道德經》第四十一章，強調道德的本質是隱藏在世界萬物之中的，雖然無形無名，但卻能夠帶來巨大的影響力。

而時習之不亦說乎有朋自遠方來不亦樂乎人不知而不慍不亦君子乎

其為人也孝弟而好犯上者鮮矣不好犯上者而好作亂者未有也君子務本本立而道生孝弟也者其為仁之本與

巧言令色鮮矣仁

為人謀而不忠乎與朋友交而不信乎傳不習乎道千乘之國敬事而信節用而愛人弟子入則

充滿幽默感的老師…

孔子

他的思想和著作對中國文化的發展有深遠影響，推動了中國儒家文化的發展。

充滿幽默感的老師：
孔子

8.1 少年孔子，求學不是求分數

　　春秋時代最重要的人物，非孔子莫屬。「春秋」這兩個字，本來就是他的著作，而對後世的影響，就要由孔子的《論語》說起。

　　《論語》的中心思想是「仁」，「仁」的「二」字並不是二的意思，而是另一個人，因此「仁」即是指兩個人的關係，人際關係的要訣。

　　可是，如果叫大家拿本《論語》出來看，很難從簡潔的句子領悟到其中的道理，所以不如看看孔子的生平，他到底是怎樣悟出這些道理的？

孔子身為儒家大師，但在他之前，其實是沒有「儒家」的，反而有「儒業」，只是一種職業，並未成為一種學問。儒家重禮，用禮去限制或鼓勵人的行為，去到這裡要叩頭、那兒要行禮之類的。

孔子的人生也很複雜，既有說他小時很窮，也有說他是王室後代。孔子年老時，學生子貢來探望他，孔子就說昨晚發了一個夢，夢見自己在大廳的兩條柱中間，被人拜祭。這個夢是什麼意思？一是代表他覺得自己時日無多了，二是告訴後人他的出身。

原來，在夏朝，人們會把屍體放在大廳的東邊拜祭；周朝則停屍西邊；放中間的就是商朝了。孔子的這個夢，代表他是商朝王族的後代，換句話說，紂王應該是他的祖先了。周朝把商推翻後，也善待商朝貴族，把他們分封在宋國（現在的河南省），代代相傳。

直至宋襄公時，有個好官叫孔父嘉，是位高權重的大夫。這時候，有一個壞蛋高官，叫做華父督，意圖篡位，就想鏟除手握兵權的孔父嘉；加上孔父嘉有個漂亮老婆，史書記載，華父督看見孔太太時，「目逆而送之」，緊緊盯著她，甚至等她路過了，也

要轉身繼續看。於是，華父督散播謠言，說宋國戰亂頻繁，都是孔父嘉帶兵的問題，結果成功害死了孔父嘉。孔父嘉的兒子逃亡到魯國，落地生根，這時候他仍然是貴族的身份，也能當官。四代之後，就輪到孔子的老爸叔梁紇了（其實是孔紇，字叔梁，史書稱「叔梁紇」）。

孔老爸以武功見稱，力大無窮，有一次，他和晉國人一起去攻打一個叫偪陽的地方。偪陽人很狡猾，先打開城門，讓敵軍衝破來，中途突然放下城門，關門打狗，就可以聚而殲之，先剿滅城內的少量敵軍了。孔老爸一手托起城門，讓軍隊能夠出入，打勝了這場仗，那時孔老爸已經五十五歲了，立下大功，就此一舉成名。

可是，孔老爸有一個遺憾，生了九個女兒，卻沒有生過兒子，孔家本來是天子的家族，他認為自己有傳宗接代的使命。於是他納了一房妾侍，誰知妾侍生的兒子是殘障的，那就只能繼續納妾。在他六十六歲時，便納了十四歲的妾侍顏征在，一兩年後，顏征在就生下了孔子。

孔子三歲時，孔老爸就死了，這時顏徵在才十八歲，就已經成了單親媽媽，當然與孔老爸的正室相處不來，不知是被趕出來，抑或自己離開，總之孔子母子離開了孔家，做一些很低賤的工作來維持生活。因此孔子長大後說：「吾少也賤，故多能鄙事」，「鄙事」即是低賤的工作，什麼下賤的工作也做過了。

　　孔子也曾經做過小孩子，也需要玩樂，那孔子的玩具是什麼？據《史記》所載：「孔子為兒嬉戲，常陳俎（音：左）豆，設禮容。」「俎豆」可不是煮飯遊戲，而是祭祀用的器皿。在那個年代，祭祀是王室貴族的禮儀，孔子見過祭祀並不出奇，但為什麼要扮祭祀呢？小孩子扮煮飯是很常見的，因為煮飯後有實質回報，祭祀卻是很抽象的概念。據後人分析，這證明孔子的天份很高，在三餐不繼的情況下，大部份人都會只顧謀生，孔子的目光卻不拘泥於物質上。

俎豆

資料來源：互聯網

充滿幽默感的老師：孔子

直至孔子十七歲，顏征在就死了。魯國有三個大貴族，其中一個是季平子，他宴請所有「士」（有貴族身份的人），即是大家來報個名，將來有差事就讓你們去做。孔子雖然還在守喪，但遇上這個機會，當然不能錯過，就穿著喪服去宴會，這也是符合禮儀的。不過，守衛卻看他不起，把他趕走。這件事激發了孔子的上進心，他覺得自己是時候發奮學習了，他回到宋國，學習殷商的禮儀。他的學習能力很強，一次過學全了「六藝」，做官的六個必修科：

1 禮 （禮儀）	2 樂 （音樂）
3 射 （射箭）	4 御 （騎馬）
5 書 （書法）	6 數 （算術）

　　看來，孔老爸武藝高強，這個兒子得到的遺傳因子也不錯，傳聞中，他身高也比身邊的人高，射與御學起來沒啥問題。我們也因此推測，顏征在並不是普通的村姑，能給予孔子良好的童年教育，長大後才能迅速完成六藝課程。

孔子精通六藝後，有家境不錯的人家看中他的潛質，把女兒嫁給他，相信也有些盤纏陪嫁吧。然後孔子回到魯國，這時候已經有一定的名聲，不用再為生計而擔憂，他做的第一件事是生兒子。魯昭公聽聞孔子生了個兒子，送了條鯉魚到他家，這證明君主也聽過孔子的名頭，認為孔子值得表揚，因此其他人亦開始重視孔子了。孔子就馬上把兒子命名為孔鯉，字伯魚，「伯」指長子，即是用那條魚給兒子命名（幸好是送鯉魚，沒有送貓狗）。

生完兒子，孔子由「謀生之學」，踏入第二階段「謀士之學」。他先去當季平子的家臣，即是之前把他趕出宴會的貴族，現在因為魯昭公的鯉魚而看得起孔子了。不過，孔子獲得的工作也不是很厲害，只是季平子的「委吏」，倉庫管理員，後來轉職為「乘田」，管理牧場，但至少也是管理階層。

對於孔子的頭兩份工作，孟子的評價是「會計，當而已矣；牛羊茁壯，長而已矣」，會計當得好，牛羊也被孔子養得很強壯。那為什麼要加「而已矣」？「而已矣」即是「僅此而已」，可能是暗示孔子完成了本職工作，但沒有花費額外的精力，精益求精，這個時期，他明顯地求學不是求分數，沒興趣追求好成績。

孔子雖不會在技術層面犯錯，只求做好本份，心思卻不在這些日常工作上面，他比較在乎思想研究，不是「謀生之學」，也不是「謀士之學」，而是「大學」。他常常說要「志於學」，就是做人的道理。人生也該如此，本份和夢想往往是兩回事，日常的本業要做，同時也該兼顧自己的理想，不能捨本逐末。

8.2 三十而立，學到「愚不可及」的道理

　　春秋時代，「國之大事，在祀與戎」，國家最重要的兩件事，就是祭祀和打仗。孔子成名後，被君主派去太廟搞祭祀，絕對是委以重任了史書記載：「子入太廟每事問」，咦，現代人看「每事問」這個詞似乎是負面的，難道在古代有相反的理解？

　　其實，那時候大家也覺得奇怪，不是說孔子知禮，是禮的專家嗎？為何進了太廟，什麼都要問一問？孔子就告訴弟子們，禮是一件很正統的事，不容許出半點差錯，就算我自問對禮的步驟很了解，也得問清楚。由此可見，孔子的學習態度很認真。

　　之後，他去了鄭國，向著名的宰相子產學習了一段時間。孔子二十七歲時，已經開辦了私立學校，不過，郯國國君到訪魯國，孔子仍沒份參與接見，需要慕名拜見。

經歷了一連串的學習，孔子說「三十而立」，怎樣是立？原來，孔子三十歲時，齊國國君齊景公來訪，齊國可比鄰國強盛得多，這一次，魯國國君吩咐孔子一同來招待。在這三年的光景，孔子的名望有提升，明顯地被重視了。

不單如此，連齊景公都聽過孔子的名頭，更出言問他：「你也知道秦穆公吧（從前的霸主，「春秋五霸」之一），但秦國本來是一個小國，位處偏遠，文化落後，為何之前秦穆公可以稱霸？」孔子回答：「你沒聽過百里奚的故事嗎？」

孔子說這個故事，不是代表百里奚一個人的才能，就可以令秦國稱霸（要不然他的祖國就不該被滅了），而是指秦穆公善用人才，不拘泥於出身國籍，不是只會任用自家的諸侯貴族。自秦穆公之後，秦國大部份的宰相都是外國人。

孔子說：「秦國發展迅速，是因為他們國小而志向大，位置偏但行為中正。」其實，孔子的潛台詞是：「齊景公你聘用我吧，成功的君主就要用人唯才，不理會對方是否親信、有否貴族血統。我就是那個很有才華，但並非國君親信的人了。」

搶人材的故事：百里奚

百里奚是什麼故事呢？原來，他本來是一個官員，祖國被滅，他本人也被擄到晉國做俘虜。後來晉國想巴結秦國，把公主嫁到秦國，百里奚是其中一個陪嫁的奴隸，那時他已經七十歲了，當然不想做陪嫁，就想辦法逃到楚國。秦國覺得不對勁，他們對百里奚的才能早有耳聞，知道他在奴隸清單中，正期待著收到人才呢！誰知道收貨時，卻不見了期待中的好東西，幾番查探，才發現百里奚在楚國。

這可怎麼辦？如果問楚國要人，楚國就會猜到百里奚的重要性，扣著他不放。結果，秦國輕描淡寫地通知楚國，有個奴隸逃到你們那裡去了，我現在用五塊羊皮把他換回來。價格合理，楚國也沒有生疑，隨隨便便就把百里奚還給秦國。百里奚一到秦國境內，秦穆公馬上改口風，把百里奚奉為上賓，請教治國之法，後來還把他任命為宰相。

大家都知道，孔子曾經開辦私學，不過他的私學是收學費的，承惠十條臘肉。學費不貴，但收生不易，因為那時已經有官學了，專門教授六藝，畢業生就會當現任官員的接任人，等於公務員學校。做孔子的學生，可沒有就業保證，於是孔子要以「有教無類」招徠學生，結果他的學生裡頭有普羅百姓，也有城外的野人（不是指滿身是毛的猿人，而是指住城外的人）。

孔子後來周遊列國，當然不是只靠臘肉，他成名後，就開始收到出身貴族的學生，除了十條臘肉的學費外，這些有錢學生還當上了贊助商。不過，「有教無類」不是指什麼人都能當孔子的學生，而是指收生不問出身，能交臘肉就有入場券。孔子更在乎的，是學生學習的熱情，無心向學的、混日子的就不要來了。

官學教「小六藝」，禮樂射禦書數，孔子除了這些當官的必修科外，還教另外一種「大六藝」：詩、書、易、禮、樂、春秋。詩是《詩經》，小六藝也有詩經課程，但只教詩經的祭祀部份；孔子則連同「頌」以外的部份，比如詩經裡頭人與人相處的訣竅，也一併教授。書是《尚書》，易是《易經》，禮是禮學，樂是《樂經》，還有《春秋》（孔子的個人作品）。這些課程可以總結為人的性情管理、觀察能力、群眾意識（即德育課），以及每個人的獨立個性。

所以孔子的課程沒有標準答案，有一個很著名的例子，說子路來問孔子：「我聽到一句說話，『聞斯行諸』，聽到一件該做的事，就要馬上去做，這是對的嗎？」孔子回答：「不對不對，你的老爸哥哥還在生，你做決定前，應該先問他們的意見。過了幾天，另一個學生冉有來問「聞斯行諸」，孔子卻回答：「當然是對的，你聽見正確的道理，就該馬上去做。

旁邊的小師弟公西華覺得很奇怪，老師你的答案為啥不一樣？孔子解釋，子路為人衝動，你叫他「聞斯行」，他第一件事未做完，又會去做第二件事了，所以叫他先問父兄的意見，逐步來做，不然他一定會做錯。至於冉有，他優柔寡斷，啥事都慢三拍，你不叫他趕緊去做，他就什麼都不會做了。這個故事代表孔子因材施教，問題就來了，那樣一來，只有他能當老師，若把這個課程交給另一個代課老師，人家就束手無策了；學生沒有 Model answer，也沒法抄功課。結果，孔子只好「誨人不倦」，不斷花時間去教學生。

　　不少人以為孔子開辦了第一間私學，其實春秋時代，私學林立，例如鄭國有一位喚作鄧析的老師，也搞了一間法律學院，教人打官司，學費是衣服一件，他自己也幫人打官司，大官司收一件漂亮的上衣，小官司嘛，一件下裳也成（古人真實際）。不過，後世對鄧析的評價不太好，指他「以非為是，以是為非」，沒有原則，只靠小聰明。因為他只教技術，不教做人的道理，而打官司的技術很多時都涉及顛倒是非。

　　《呂氏春秋》有一個故事，說有個富人家中有人淹死了，找不到屍體，原來屍體被隔壁的人撈起來了。正常來說，富人付點

小錢，鄰居把屍體交出來就成了，誰知鄰居覺得機會難逢，開出天價，富人只好找來鄧析打官司。鄧析十分從容，叫富人不用擔憂，鄰居拿著那具屍體，你不買誰來買？他又不能把屍體賣出去，你就等一等唄，見你不著急，他一定上門求你的。另一邊廂，撈屍體的鄰居也來找鄧析求救。鄧析告訴他，用不著擔心嘛，富人不來你家買屍體，他又不能到別家去買，你就等著吧。

這被稱作「兩可之說」，對你說一套，對他又說另一套，根本不是幫忙解決問題的，只是用小聰明佔便宜。最後鄭國大亂，鄧析也被君主所殺。由此可見，要成就好的風氣，就要「君子成人之美，不成人之惡，小人反是」，後人也經常把孔子和鄧析，兩個同期人物拿來做比較。

孔子三十而立後，就決定深造了，他在商朝禮儀方面很有研究，對周朝的學問卻有所缺乏，所以他想去找老子求教，老子是一個很有學問的前輩，熟悉周朝禮儀。可是，他的盤纏不足，單憑那些臘肉是不足夠的，幸好他找到了贊助商。之前說魯國有三大家族，其中一個是孟僖子，孟僖子經常贊助孔子，也叫兒子拜他為師。他死後，長子接任家主，有錢有權，老師想到別國學習，他當然肯贊助（也可能是老師遊學，他就不用上學了），甚至去

找魯昭公，讓他支持孔子，魯昭公也贊成了。其實魯昭公任期內，並沒有什麼建樹，死後被追封為「昭公」，只是因為他明白事理。

孔子恭恭敬敬地去找老子，誰知老子一見面就潑他冷水，據《史記》所載，老子說：「且君子得其時則駕，不得其時則蓬累而行。」得到機會時做什麼都成，「駕」即是駕駛，可以決定想做什麼；沒有機緣時，只能「蓬累而行」，隨波逐流了。

孔子由貧窮的單親家庭，直至名聲鵲起，都是靠自己不屈不撓的奮鬥。現下他千里迢迢來找老子，老子卻告訴他，且看當時的環境嘛，環境不好就隨便過日子算了，怎說也令人失望。不過，對於這種道家思想，孔子也吸收了一部份，《論語》中就有一句：「邦有道，則仕；邦無道，則可卷而懷之」，國家有道就做官，國家無道，就卷舖蓋離開嘛。

老子第二次對孔子說話時，就說：「良賈深藏若虛，君子盛德容貌若愚」，好的商人不會告訴你他很有錢，君子也是一樣，即使有好的德行，看上去仍然像傻子一樣。孔子在《論語》中轉化為：「邦有道則知，邦無道則愚」，國家有道就做知識份子，國家無道就當傻子，後面那句更精彩，「其知可及也，其愚不可及也」，聰

明人容易做，蠢人才不容易做哩。成語「愚不可及」就是從這裡來的，我們一直以為愚不可及是罵蠢人的，原來真正意思，是指扮傻是一個很高的境界，不是一般人可以做到的。

老子最後的忠告，是「聰明深察而近於死者，好議人者也」，很聰明、觀察力很強的人，會常常議論人，因此很容易會死；「博辯廣大危其身者，發人之惡者也」，能言善辯的人往往喜歡發掘別人的短處，十分危險。

孔子回到魯國後，就發生了一件令他非常痛心的事，證明老子的忠告確有道理。

之前說「國之大事，在祀與戎」，諸侯有諸侯的祭祀禮儀，大夫有大夫的禮儀。而祭祀時是要跳舞的，周天子祭祀的舞蹈，是每排八人，有八排，共六十四人，稱為八佾舞；魯昭公是諸侯，應該是每排六人共八排，四十八人；大夫是四人一排共三十二人；普通的士則是每排兩人共十六人，而這些舞蹈員是要養在家中的。

有一次，魯昭公搞祭祀，理論上要找四十八人，偏偏手上只得十六人，原來有三十二個舞蹈員，被三大家族之一的季平子借

充滿幽默感的老師：孔子

走了。正常來說，季平子只需要三十二人，他家中應該有嘛，但這次他突發奇想，為何我不可以享用八佾舞？於是就從魯昭公那裡，調走了多一倍的舞蹈員，給自己過過癮。

這就出現了兩個問題，一來季平子是諸侯，用了天子的禮儀，即是升了兩級；而魯昭公是諸侯，舞蹈員被借走了，只剩下十六人，就降了兩級。魯昭公一怒之下，發兵攻打季平子。季平子站在高臺上與魯昭公談判，最後提出，他自己帶隊人馬流亡出國。

本來這也是一個好方法，可是，魯昭公的謀臣郈昭伯反對，堅決要殺季平子。原來，之前郈昭伯與季平子鬥雞，季平子在雞身上穿了盔甲，郈昭伯見狀，不甘示弱，給雞裝了金屬爪子，結果金屬爪子贏了盔甲。季平子戰敗，一怒之下，殺了郈昭伯的雞，兩人就此結怨。

郈昭伯教魯昭公到孟家招兵，孟家家主正是孔子的學生，他猶豫不決時，叔家（三大家族的第三個）已帶兵攻打魯昭公，援助季平子。三家有兩家站在一邊，孟家覺得自己沒有選擇的餘地了，順手殺了郈昭伯，三家一起攻打魯昭公。

三大家族戰勝之後，卻不敢殺魯昭公，魯昭公的謀臣建議他捉一個大夫出來頂罪，說是那個大夫唆擺的就成了。魯昭公卻是個好人，於心不忍，自己流亡齊國，至死也不能回國。

　　人走茶涼，魯昭公離開後，國內的輿論紛紛指責他的不是，說他魯莽。孔子忍不住走出來說：「八佾舞于庭，是可忍也，孰不可忍也。」人家這樣子欺負魯昭公，怎可能忍下這口氣？

　　孔子這樣說，確實安慰了魯昭公，但卻沒有審時度勢，魯昭公已經失勢了，他還為魯昭公站台，當然得罪了當權者，結果他也要流亡到齊國了。

8.3 四十而不惑，思考方法比人肉 Google 有用

　　這時，孔子已經覺得齊國不妥當了，可是箭在弦上，也得上班。一去到新公司，新老闆是齊景公，齊景公是老相識了，他曾經和丞相晏嬰到訪魯國，就是孔子負責招待的。齊景公見有個名人投靠自己，感覺良好，孔子卻覺得老闆「望之不似人君」，因為齊景公比較淘氣，並不像君主般莊嚴。

　　有一次，齊景公問孔子怎麼治理好國家，孔子只答了八個字：

苛政猛於虎的由來

孔子跟著魯昭公流亡齊國，本來想在齊國幹一番事業，誰知卻發現齊國內強中乾。首先，他去齊國的途中要經過泰山，在泰山碰見一個哭泣的女人。女人哭訴自己的兒子剛剛被老虎吃掉了，而且她家中三代，由家公、丈夫到兒子，都是被老虎吃掉的。

孔子很奇怪，這裡有這麼多老虎，你幹啥不搬走？女人答：「只因一個理由，此地無苛政。」苛政只有兩件事最影響民生：重稅、抽壯丁，即是說，在齊國的苛政之下，大家就死定了，倒不如去一個有老虎的地方，還有生存的希望。於是孔子就感慨：「苛政猛於虎」。

「君君臣臣父父子子。」表面意思很簡單：做君主的要像君主、做臣子的要像臣子、做父親的要像父親、做兒子的要像兒子。其實潛台詞是：首先君主要做好自己，下面的臣子才會跟著做好；父親要供書教學，盡心教好兒子，做個好爸爸，兒子才會好嘛。

　　孔子的意思是，這件事是有因果關係的，但他不敢直接指責齊景公。可是齊景公很滿意這個答案，「君君臣臣父父子子」，每人做好自己就成了，「自動波」嘛，多麼方便，所以他是挺喜歡孔子的。

齊國丞相晏嬰足智多謀，但個子很矮，身高六尺（是古代的尺寸），通常矮個子會比較討厭高個子，孔子卻身高九尺六寸（換算現代的尺寸，大概是接近兩米），總之，孔子比晏嬰高 50% 以上。

曾有人問孔子怎麼看晏嬰，孔子的答案是「久而敬之」，相處得久，就會很尊敬他。孔子喜歡晏嬰，晏嬰卻不喜歡孔子，當然他不會說因為孔子比他高，他向齊景公提出了三個理由：一是儒家太重禮，重視儀式，很容易花費過多；二是儒家的學者經常周遊列國，去推銷自己的學說，感覺就是信不過；三是孔子能言善辯，能言善辯的人通常都不易管理（這個很不合理，晏嬰自己也是善辯而聞名的，說穿了，可能就是騙子不喜歡騙子的道理）。

總之，一山不能藏二虎，最後孔子在齊國逗留了兩年多，就要回魯國。據說他走得很急，那時他剛煮了飯，米還是濕的，他要趕緊把米拿出來，弄乾就離開了，可能孔子真的有政敵，正要對付他。不過，史書沒有記載原因，我也只是憑空猜想而已。

孔子回到魯國，之前說他因為支持魯昭公，把魯國的貴族得罪了，這次回來當然沒官做，只能繼續開私校。這時候，孔子的

弟子也開始出名了，其中子貢是著名的生意人，相信孔子也不愁衣食。孔子差不多四十歲了，「四十而不惑」。有一說指「不惑」是知識淵博，什麼都懂得，有一次，有人在城牆上掘出了一塊骨頭，孔子說那是遠古時防風氏的骨頭，大家翻查古書，果然是對的。防風氏，中國上古時期神話傳說中人物，他是巨人族，有三丈三尺高。他是遠古防風國（今浙江德清縣）的創始人，又稱汪芒氏，傳說為今天汪姓的始祖。

又有一次，有隻鳥飛過來，牠身上負傷，插著一支箭，孔子一看，就說這支箭以石頭造尖，應是肅慎氏的箭，周武王滅殷後，四方屬國都來朝貢，肅慎氏貢獻了這些箭，周武王就把東西分給諸侯，你們國家的倉庫也應該有。不出孔子所料，在倉庫裡找到了一模一樣的箭。這樣解釋很合理，孔子作為人肉百科全書（現代版該稱為人肉 Google），當然能夠令人「不惑」了。

孔子卻說，他的「不惑」是因為判斷力好，能分辨是非黑白。因為孔子名聲在外，很多人冒用他的名頭，編造故事。舉個例，後來道家的列子寫了一個「小兒辯日」的故事，說兩個小孩在爭辯，太陽到底是日出時接近我們，抑或正午時較接近。一個小孩說，正午時比較熱，當然是正午較接近了；另一個說，日出時太陽較

大，正午時較小，當然是日出較近了。兩個小孩去問孔子，以那個時代的科學水平，怎能解答這種問題，於是故事中的孔子當然無言以對，被人嘲笑。這個故事是虛構的，不過，卻很流行，在現代的《通勝》也有刊載。

事實上，在孔子眼中，任何人都沒可能懂得世上所有的事，最重要的不是懂或不懂，所以荀子說：「不知無害為君子，知之無損為小人」，知識的總數不重要，而是要懂得重要的事。孔子說：「子不語怪力亂神。」古代人對鬼神之事很好奇，也有很多人借鬼神之名，令人信服自己，孔子卻覺得，說這些事是沒有好結果的。有人問他，世上有沒有鬼；他答：「如果我說有鬼，父母死後，子女就會花很多錢去買陪葬品，國家就會衰敗了；如果我說沒有鬼，很多子女就乾脆不葬父母了。」知識不重要，最重要是價值判斷。

孔子在魯國教了十多年書，期間就做了很多這類「不惑」的事。他喜歡讀書，更愛思考背後的原因。後來有本書叫《察微》，很多時也用來形容孔子，在小事處觀察，琢磨出很深遠的道理，用現代人的說法，就是「逆向思維」。其中有兩個故事很發人深省。

故事 1

話說魯國很多貴族被流放，在別的國家成了奴隸，所以魯國有個規矩，如果能在異國贖回魯國的奴隸，國家會付錢給你。孔子的學生子貢是做生意的，經常周遊列國，有一次他在外國贖了一個魯國奴隸，理論上應該回來報銷，子貢擺擺手，我又不是沒錢，而且我本來是做好事，報銷後就不像行善了嘛，不如大家誇誇我更好。

這個想法對一個有錢人而言，是非常合理的。可是，孔子馬上罵子貢，他認為子貢這樣做，是影響了這個制度，下次再有人贖了魯國奴隸，他到底該不該報銷？報銷的話，就好像不及子貢大方；不報銷又會虧本，一來二往，乾脆就不贖了。換句話說，子貢自以為做了一件好事，卻是影響深遠，令更多奴隸在異國受苦。

故事 2

第二件事是子路，在孔子的門生裡最為勇武，在電影《孔子》裡，子路就是經常衝出來打架那個大漢。有一次，子路看見有個人掉進水裡，他身體強壯，當然馬上救人。為了報答救命之恩，對方送了一隻牛給子路，子路很高興，回去告訴老師，今天有牛肉吃了。

一定有人說，施恩不望報，子路這樣做是錯的。出乎意料的是，孔子表揚了他，認為子路收下了牛，下次有人需要幫忙時，大家就更有動力去施以援手，認為好心有好報嘛。

由此可見，孔子會從不同方向去思考，更重要的，是他在「四十而不惑」時，發現了開心的道理，在宋明理學興盛時，這個被稱為「孔顏樂處」，「孔」當然是孔子，「顏」就是孔子最出色的弟子顏回。

孔子指出了最開心的三件事：「學而時習之，不亦說乎；有朋自遠方來，不亦樂乎；人不知而不慍，不亦君子乎。」「學」是學新東西，「習」是不斷練習，孔子心目中的「有東西學」，是指有令他沉迷的學問。

孔子曾經向著名的琴師師襄子學琴，那時他練來練去，都是重覆同一首樂曲，弄得師父都有點悶，叫他彈別的，他卻說：「我尚未掌握這首樂曲的精髓。」終於有一天，孔子說他知道這首曲是誰作的，是周文王所寫的，他看到了作曲者，這人高高瘦瘦，皮膚黝黑，眼神有點憂鬱。

師襄子恍然大悟：「原來如此，我師父教我時，沒有說是誰作的，但他告訴我這首曲叫《文王操》，那時，我也不曉得是什麼意思。」證明孔子學任何事都很沉迷，沉迷到彈一首曲，都能感覺到作者的存在。

據說孔子愛食肉，但他學琴時太過投入，「三月而不知肉味」，那三個月不是沒有食肉，而是食了肉，也不曉得是什麼味道。

第二件事是「有朋自遠方來」，為啥要自遠方來？難道離得近的朋友就不值得高興了？原來，這裡說的「朋」不止是指朋友，也是指學生。孔子的私校是一間國際學校，魯國以外的人也會慕名而來。

後世的莊子與孟子，也經常提起這一點，孟子說要「得天下英才而教育之」。至於莊子，他經常暗裡諷刺孔子，但他形容孔子時，卻說「孔子遊乎緇帷之林，休坐乎杏壇之上。弟子讀書，孔子絃歌鼓琴」，弟子讀書孔子彈琴，很和諧的景象（他明顯不認為琴聲會打擾弟子讀書）。

第三是「人不知而不慍，不亦君子乎」，字面的解釋是，大家誤解你，或者不認同你時，你若沒有產生不快，就是君子了。這裡說的是要真的看得開，而不是故作冷靜，內心咬牙切齒。那時有人指責孔子，說魯國既然開始沒落，孔子應該出山做官，孔子並沒有理會，繼續自己的教學理想。

所以他最後說「君子有終身之樂，無一日之憂」，做了這三件事，就會一輩子都快樂了，沒有任何事能令他不快。後來他顛沛流離，甚至被圍困在山谷中，他仍然悠閒地彈琴，娛樂自己。孔子深懂快樂之道，其實，孔子一生也不曾發財，有什麼好快樂的？但他知道真正能讓自己快樂的原因，名利只不過是獲得快樂的其中一條通道，無需執意追求。他曾說：「不義而富且貴，於我如浮雲。」

8.4 五十而知天命，古代已有「同理心」

孔子曾問過學生，怎樣才會覺得快樂。子路答：「如果我有足夠的物資，可以分給別人，而我又不覺得不捨，我就會快樂了。」可別小看這事的難度，在春秋時代，物資貧乏，單是「有足夠物資」就不容易了。

孔子「四十而不惑」時，魯國「禮樂崩壞」，下面的人常常想造反，在上位者又經常推行笨的政策。有很多人問孔子，為何不出來做官，孔子都沒有回答。孔子的學生子貢是商人，比較聰明，懂得繞圈子，他就問孔子：「我手上有一塊很漂亮的玉，我應該把它藏起來，抑或賣掉？藏起來沒意思啊，賣掉才能換錢做自己喜歡的事。」

孔子一聽，就知道那塊玉是指自己，他回答：「沽之哉！沽之哉！我待賈者也。」當然要賣，但要等一個高的價錢，意思是，要等待更善用人才的君主，才會重用他，後來的成語「待價而沽」就是這樣來的。

　　季氏的家臣陽虎想任用孔子，多次發出邀請（之前提過，孔子十七歲去參加季氏的貴族聚會，卻被人趕了出來，趕他的正正是陽虎），孔子一一拒絕了。

　　有一次，陽虎趁孔子不在家，找人送了一隻豬腿去他家，他的家人收下了。那時有規定，如果大夫送禮給士，士一定要回訪大夫，這樣一來，孔子一定要去陽虎家了。但孔子也不笨，以其人之道還治其人之道，趁陽虎不在家，才登門拜訪。誰知孔子計算不夠精密，拜訪完正打算離開，卻在門口碰到陽虎，避無可避。

　　陽虎問：「懷其寶而迷其邦，可謂仁乎？」你有才能，卻不出來做官，任由國家衰亡，不是仁的表現啊。孔子沒法否認，陽虎又問：「好從事而亟失時，可謂知乎？」願意出來做事，卻屢次錯失機會，是智者的表現嗎？孔子又只能答：「不是。」陽虎說都是大道理，孔子只能認同，但認同完之後，孔子還是不願意出來做官。

孔子為什麼不願做官？他一方面認為陽虎有異心，另一方面也不願意為季氏服務，他堅持正統，認為魯國的正統應該是君主，而不是把持兵權的大家族。所以他繼續等待機會，後來陽虎真的造反了，企圖滅掉季氏等三大家族，取而代之，結果失敗了，陽虎遠遁，孔子終於覺得這是合適的時機。

　　孔子說「五十而知天命」，天命除了指人和自然的關係，也指人和社會的關係，應該出來服務社會，令魯國乃至整個中原的民生更加好。孔子一直在積累自己的聲望，等待時機，終於是時候出來做官了。

　　初時孔子做的是「中都宰」，可不是宰相，而是一個類似鄉長的職位，後人評價他的功職，說的是「男女分途，路不拾遺」。大家都知道什麼是路不拾遺，至於男女分途，就是指男人和女人逛街時，是分開兩邊走的。在那個時代，這是知禮的表現。孔子表現好，當然就升官了，成為了小司空，即是管經濟和祭祀的官員，是很實務的官職。

　　孔子做小司空也做得很好，就升為大司寇，即是司法部部長，

主管刑罰，絕對是高官了。貴族當然不服，他們認為只有貴族才能當高官，孔子雖是貴族出身，但那是已經沒落了的貴族，人家覺得他不夠資格。

當時有個奸商叫沈猶氏，賣羊肉時，故意讓羊吃得很飽，稱起來重一些。沈猶氏知道孔子當了司法部長，馬上停止了奸商的行為。公慎氏的妻子不守婦道，公慎氏一向都很忍耐，但知道孔子出場了，馬上搞休妻。證明孔子對司法很嚴格，所以大家都不敢違法了。

另一方面，孔子是第一個搞開會判案的人（陪審團的概念），在他之前，判案一直都是人治的，官員一個人說了算。他提出了「慎刑」的觀念，他認為官員判刑，很多時是為了顯示自己的聰明才智，孔子認為這是錯誤的，判刑的主要目的，是想方法令罪犯判得輕些。

他提出「不教而殺謂之虐，不戒視成謂之暴」，有些人因缺乏教導而犯法，你若要處死他，是殘暴的行為，即是說，捉賊前應先思考他犯法的原因。

那時發生了一件父子互告的案件，拖了三個月，孔子仍不願判案，上司就罵他了：「你拖著不判，大家就覺得你辦案不嚴謹，社會就會亂起來了。」孔子繼續拖，結果不久後，父親終於說不告了，撤案。孔子這才解釋：「他們父子相告，是因為溝通不足，父親沒有告訴兒子怎樣才能做得好，兒子就不懂得孝。只要給他們時間，互相交流，這宗案子就不會出現了。」

　　可以說，孔子負責的，其實是調解員的角色，在司法制度上，是很先進的概念。有一說指，孔子雖名為「司寇」，眼中卻無「寇」，所有犯人都有原因。可是，在孔子的任期中，也發生過一件爭議性的事。

　　孔子當司寇的第七天，就殺了之前的對頭人少正卯。少正卯是什麼人？原來，孔子沒做官前是開私校的，恰巧少正卯也是教師，每一次他出來教書，孔子的學生都會減少，即是競爭關係。孔子門下曾有三次學生眾多，又有三次學生人數突然減少，全都跑去少正卯門下了。當然有人懷疑，孔子殺少正卯是出於私心。孔子指，少正卯有五個過失，大概是把是非顛倒，誤導學生。這時候，大家已經不去思考是非對錯了，而是只顧自己的利益。孔子認為，若他不阻止少正卯，就沒法好好管理魯國。

後世對此議論紛紛，蘇軾曾嘗試解釋孔子為何這樣做，說孔子看見自己「頭方命薄」，不似長壽之相，大概也不能幹多久的大司寇了，所以要趕緊解決問題。加上少正卯本人也很厲害，如果讓他發現孔子想殺他，很可能會逃難甚至反擊。

後來有一個更正面的看法，指如果孔子只顧自己的名聲，他不需要殺少正卯，所以他這個行為，是不顧個人榮辱，在乎國家利益的正面舉動。

孔子有個學生叫高柴，不在魯國做官，跑了去衛國做個小法官，當然就不斷要判案了。他受到孔子的教導，判案時很小心謹慎，有一次，高柴遇到一個犯人，所犯的罪真是罪無可恕，就依照律例，親手斬掉他的腿。

不久衛國內亂，高柴逃難到城門處，發現守城的正是被他斬掉雙腿的犯人。高柴心知不妙，這下子有冤報冤有仇報仇，我當然跑不掉了。誰知犯人偷偷告訴高柴，城牆上有個缺口，你可以偷偷跳出去。高柴斷言拒絕：「君子不跳牆。」犯人又說，這樣吧，地上有個洞，你可以鑽出去。高柴答：「君子不鑽洞。」

追兵已經快到了，犯人就叫高柴躲進空房，自己耍走了官兵。高柴覺得很奇怪，我斬了你的腿，你居然三次想救我？犯人回答：「當天我真的犯了法，也知錯了，我見你判刑時，一直都不肯宣判，就知道你也想盡力幫我減刑，最後斬腿已經是最低的刑罰了；而且你下刀時，你也想哭了（犯人被斬腳，還留意別人的表情？這個犯人也是個好犯人），我就覺得你也是個好官。」

　　這件事證明了慎刑的重要性，孔子就說，百姓是草，在上位者是風，草倒向哪邊，是看風怎麼吹；在上位者教得好，百姓就會向好了。當然，孔子也說慎刑不是他想出來的，是堯舜提出的，所以我們應該導從。

　　作為司法人員，成功破案後，正常都會沾沾自喜，但能不能站在罪犯的角度思考，凌駕個人的得失，就是另一回事了。換一句現代人的話，就是有「同理心」，凡事作多角度的設想。

8.5 辦公室政治與學問往往是兩回事

　　做完大司寇後，孔子升任魯國的外交官。這時魯國面臨一個嚴峻的外交問題，話說魯國夾在晉國和齊國之間，本來是依附晉國的，但齊國愈來愈強大了，魯國的位置很尷尬，不知該依附哪邊。

那時國與國之間有一個潛規則，對著其他國家，要不就攻打它，要不就拉攏它，打仗時也多個幫手嘛，所以齊國冒起後，就決定拉攏魯國了。

齊景公打算舉辦外交會議，之前說過，孔子和齊國是有淵源的，他在齊國打過工，可惜與宰相晏嬰不咬弦，就回魯國教書。即是說，齊景公是孔子的舊老闆，這一次，他知道魯國的現任外交官是孔子，心中暗喜，孔子只是個文人，魯國的領袖魯定公也沒啥建樹，看來可以佔魯國的便宜了。不久，雙方決定在「夾谷」會盟。

魯國有三大家族，但他們你推我讓，誰都不願意擔任外交官，他們知道晉國勢大，魯國弱小，這一場會談肯定會吃虧，當外交官的豈不是很丟臉？推來推去，就落到孔子頭上，孔子義不容辭，決定代表魯國，出席會盟。

孔子認為「有文事必有武備」，談判時一定要帶軍隊，他就帶著兵馬去夾谷參與會盟。夾谷是什麼地方？夾谷本來是「萊人」所居，萊人是身材較矮、卻好勇鬥狠的侏儒，後來萊人臣服於齊國，所以齊國認為，必要時可以利用萊人來威脅魯國，又能撇清自己的關係。

夾谷建了兩個高台，兩國君主相對而坐。會盟剛剛開始，齊國就叫萊人出來表演歌舞。孔子一看就覺得不對勁了，明明是歌舞表演，為何帶了這麼多刀劍？他馬上站上高台，指責這些歌舞不合乎禮，並召士兵來保護魯定公，趕走萊人。

齊景公終於意識到，孔子不是任人欺負的老好人。事實上，孔子擅長的「六藝」中，「射」和「御」都是武藝，絕不是手無縛雞之力的文士。所以說，齊景公作為舊老闆，不了解這位員工，就令自己失了先機。

其實魯國早就料到會吃點小虧，有了心理準備，雙方就談判順利，條款都寫好了，誰知齊國突然加上一條條款，說齊國是軍事大國，經常打仗，要求每次打仗時，魯國派三百架軍車一起去。

可能有人會想，這也沒什麼大問題，我的軍隊即使跟你去打仗，也不代表會為你拚命嘛，在旁邊吶喊助威就算了。但事實上，這是一種象徵，代表魯國是齊國的附庸國，萬一齊國與晉國開戰怎麼辦？難道魯國也要參戰嗎？那晉國會不會遷怒於魯國？

孔子馬上回答，你要加一個條款，我們魯國也要加一條，之前

你們奪取了魯國的汶陽（魯國與齊國的交界之地，魯國陽虎造反失敗後，把汶陽送給齊國，換取在齊國的安身之處），就把汶陽還回來吧。齊景公心想，一人加一條，感覺很公平嘛，就同意了這條款。

　　對魯國而言，這樣一來，就保留了弱國的尊嚴，回國可以和大家交待。孔子立了功，被升為「攝相事」，即是輔助丞相。他步步高升，看起來官運亨通，可是，孔子的官職已經到了盡頭。

　　魯國最大的隱憂，是三大家族專權，家族之間又互相爭權，甚至連同一個家族的家臣都會爭執。孔子就琢磨，怎樣削三大家族的權，把權力還給國君？首先，他決定抑制三大家族的家臣。其中，叔孫氏的族主叔孫武叔，封地為郈（音：侯）邑，郈邑的主事人不太聽話，叔孫武叔就派手下侯犯去殺了他。誰知侯犯殺人後，馬上佔了郈邑，為了此事，叔孫氏和侯犯之間不斷爭執。孔子就指家臣不聽話，趁機提出，要幫忙管理家臣，例如削權，三大家族的族長為了自己的利益，當然同意。

　　孔子推出「墮三都」計劃，話說每個家族都有自己的城池，城牆都建得高高的，墮三都即是拆毀三個城池的城牆，表面上「抑家臣，強大夫」，事實上是「抑大夫，強宗室」。

孔子先拆郈邑的城牆，之前侯犯在郈邑作亂嘛，要拆他的城牆，大家都沒有異議。接著孔子要拆「費邑」，費邑的城主是公山不狃，他聽聞有人要拆自己的城牆，直接就帶兵攻打魯國君主，孔子只好集合軍隊應戰，戰勝了公山不狃，終於拆了費邑的城牆。

「墮三都」成功了兩都，輪到最後一個城，是孟孫氏的「成城」，孟孫氏家主孟懿子是孔子的徒弟，大家都認為孔子必定會成功。可是，有個叫公斂處父的人，告訴孟懿子，這座城牆不能拆，因為成城接近齊國，拆毀城牆後，齊國很容易攻入來。公斂處父警告孟懿子，孔子不是想對付家臣，而是想對付三大家族，家族失去城池後，實力就不如國君了。

孟懿子一想，對啊，前兩個家族拆了城牆後，勢力果然下降了，看來我不能聽老師的話。於是孔子不斷催促，孟懿子推三阻四。沒多久，齊國又蠢蠢欲動，不過這一次齊國學聰明了，齊景公知道孔子很難對付，他說：「魯用孔子必霸」，魯國用孔子，就必定會稱霸，所以他決定挑撥魯國和孔子的關係，以抑制魯國的發展。

齊國送來了十六個能歌善舞的美女，魯定公不是傻子，知道事情不對勁，支吾以對，沒有收下。他不收，齊國卻沒有把美女帶走，而是讓她們在城外紮營，天天歌舞，聲音傳進城內。孔子已經看不過眼了，這時候，三大家族之一的季桓子抵受不住誘惑，偷偷去看美女，總共去了三次。

季桓子看了三次還不過癮，回來跟魯定公推介，那些美女真的不錯，你也去看看嘛。魯定公有些意動，又有些躊躇，他是一國之君，沒法偷偷出去啊。季桓子提議，你說去視察民情，路過時順道去看看，不就成了。

魯昭公這一去，就足足去了一天。他回來後，就覺得一定要把美女收進來。美女進宮後，大家就沉迷美色，開始不理會孔子了。孔子的學生子路已經成為了季桓子最大的家臣，他見勢色不對，就問孔子，是不是該離開了。

孔子說，很快就會有一個全年最大的祭祀儀式，之後我們再走吧。為何要等祭祀？原來祭祀期間會分豬肉，看豬肉的大小，就知道國君對自己的重視程度了。

結果，孔子在家中等了一整天，都沒有收到豬肉，只好黯然離開魯國。孔子走得很慢，有人說，這是因為他不知道該去哪裡，又有人說，他是捨不得魯國。孔子的解釋是，我們離開家鄉，走得太快的話，非禮也。真正的原因是，孔子想看看有沒有人會來追他。

終於，孔子去到一個叫「涿」的地方，看到遠方塵土飛揚，相信是有人來追了。孔子連忙說：「我們在這裡住一晚吧。」原來，季桓子派了一個叫師己的人，卻不是追，是來替孔子送行的。電影版則指，季桓子送了一個玉玦給他，「玦」就是訣別的意思，你趕緊走吧，不送了。

孔子去了衛國，子路有個親戚在衛國。一去到衛國，發現衛國有很多人，孔子很興奮，在農業國家，人多，就代表國家是富庶的。孔子的學生就問，這個國家這麼好，你會用什麼方法來治理？孔子回答，首先要令人民富起來，再教他們道理，可見他當時是很有抱負的。

那時孔子已經很有名氣，一去到衛國，衛靈公就問他，你以前是收什麼薪水的？孔子答，六萬。衛靈公馬上說，我也給你六萬石

的薪水。這樣一聽，似乎很受重用嘛。可是，衛靈公一許以高薪，馬上就試探孔子的口風。原來衛靈公想打仗，孔子回答：「我只懂祭祀，戰爭的東西我可不懂。」我們知道這話是假的，孔子明明在魯國打過很多場仗，他這樣說只是表明反戰的態度。

第二天，衛靈公再遇到孔子時，只注視著天上的雁，無視孔子，當然也沒有給孔子實際職務。孔子明白，衛國也不能讓他一展抱負，但他暫時無處可去，就先留在衛國。誰料到這一留，就留出了一宗緋聞。

衛靈公的夫人叫南子，歷史上有宗著名事件叫「子見南子」，就是指南子因對孔子好奇，召見孔子。孔子左閃右避，因為南子聲名不好，以淫亂見稱，她婚前有個男友叫公子朝，婚後衛靈公已經老了，南子就與公子朝私通，可能是老夫寵愛少妻，衛靈公居然不加阻止，反而縱容南子，可見這段關係有多複雜。南子是衛國夫人，地位尊貴，孔子最後都躲不過，要去見南子。雙方隔著一個簾子，孔子聽見「叮」「叮」兩聲，是玉聲碰撞之聲，南子喜歡戴玉器，所以孔子猜測南子對他行了兩個禮。其實兩人連面都沒見，但這場緋聞，卻流傳千古。

孔子離開後，感慨說：「南子也不是那麼不知禮的。」子路對此有些不滿，孔子就說：「如果我做錯了任何事，連天都會厭棄我的！」相當於發誓了。

　　再過了一段時間，衛靈公出遊，與南子和一個太監同車，孔子則在後面那架車。現代人會覺得很合理，皇帝當然是帶著皇后的。孔子卻不認同，他認為衛靈公應該帶有用的臣子，南子應該在後面的車子，現在衛靈公因為南子的美貌，而把她帶在身邊，孔子覺得「吾未見好德如好色者也」，衛靈公喜歡美色多於德行，令孔子絕望了，就此離開衛國。

　　自此之後，孔子在不同國家流浪了七次。他說：「賢者辟世、辟地、辟色、辟言。」有德行的人要「辟地」，躲開不合適的地方；「辟色」，避開不賞識自己的君主；「辟言」就是迴避惡言。最後「辟世」，是儒家與道家的分別，道家會隱世，儒家則會堅持理想，要令世界更加美好。

8.6 六十而耳順，幽默感的威力

　　孔子離開衛國後，在各國流浪了七年。他那時已經很有名氣了，大家都很尊敬他，所以生活也算不錯，可是，他要的不止是生

活安穩，他更在乎自己的思想是否能夠推行。孔子五十歲做官時，說自己「知天命」，但還是經常被人議論，結果到六十歲，他就「耳順」了。「耳順」，即是耳朵聽回來的東西，無論合不合聽，都覺得沒有問題。

他的意思時，人生在世，如果太在意別人的說話，被人罵時就會不開心，被人誇獎時也難免會沾沾自喜。他認為「耳順」有三個階段，首先是被人罵時，沒有即時反應；然後就是真的不介意；最後一個階段是搞清楚自己的立場，也理解別人的立場，這樣就真的明白，別人為何不認同自己了。

孔子主張回復周禮，即是對中央政府周天子效忠。可是，當時諸侯林立，人人都想稱霸，孔子這樣說，即是叫他們放棄夢想，乖乖當一個貴族，大家當然不喜歡他的學說。

孔子雖然懂得打仗，卻不贊成打仗。有一次，孔子帶著子路、子貢和顏回三個徒弟行山，問他們希望自己的人生會去到什麼境界。勇猛的子路答：「我希望殺敵立功。」孔子讚他「勇」。

子貢是個善於外交的商人，後來《史記》寫生意人列傳時，

也把他列入去了，可謂名留青史的成功商人。子貢回答：「我希望打仗時，我能憑我的口才說服別人，不動干戈。」（後來，魯國有難，子貢真的周遊列國，說服其他國家，拯救了魯國。這可是連孔子也沒能做到的，後人經常提常這件事，指子貢比孔子更厲害。）孔子誇他「辯」，即是辯才很強。

最後輪到顏回，顏回是孔子評價最高的，但他比較年幼，子路經常問孔子：「為何你覺得顏回好？打仗的時候，難不成你帶他去不帶我去嗎？」

結果顏回答：「我希望國君只留意經濟民生，百姓安居樂業，根本不會打仗。」孔子覺得，這種想法才是最正確的，但在那個人人都想建功立業的年代，卻沒有人認同他。

有一次，孔子迷路了。子貢四處找老師，有個路人笑他：「我見過一個很相像的人，那人額頭像堯，肩膀像子產，而腳就像大禹，總之全身哪一個部位都像明君賢相，只是矮了三寸，卻像喪家之犬般狼狽。」子貢跟著他指的地方去找，果然就找到了，子貢忿忿不平地告訴孔子這段評價，孔子笑著說：「也說得挺像啊。」這種態度，古代人叫胸襟，現代人叫幽默感。

又有一次，孔子去到陳國，有個叫陳司敗的人問他：「你從魯國來的，那魯昭公知禮嗎？」孔子答：「他當然知禮。」陳司敗說：「魯昭公在吳國娶了個老婆，但吳國和他是同一個祖宗的，所以他是近親通婚，不知禮嘛。」陳司敗的意思是，你自稱禮的專家，但你的國君都不知禮。

正常來說，孔子應該與他爭辯，誰知孔子竟然轉話題：「哈哈，我真是好命，每一次我有過失，馬上就有人告訴我了。」孔子沒有評價魯昭公知不知禮，而是把缺點攬到自己身上，不需要維護自己的專業權威。

孔子離開陳國後，偏偏遇上了戰亂，在陳國和蔡國之間的山谷捱餓，又是那些幾十人只有一碗粥的場景，史稱「陳蔡之圍」。而且，子貢和子路還看見顏回偷粥吃，當然馬上向孔子打小報告。

孔子就去試探顏回：「你煮好粥了嗎？我想把它拿去祭祀一下。」顏回答：「不行，因為我煮到一半，有塊炭跌進鍋裡，把粥弄髒了，我只好把炭撈出來。」孔子馬上對子貢子路說：「我就說嘛，顏回不會偷東西吃的，他伸手進鍋子，只是為了把炭撈出來，順道啜走手指上的粥手而已。」

在這個被困的惡劣環境中，所有人都覺得很痛苦，只有孔子悠然地彈琴，子路忍不住問：「君子亦有窮乎？」我們明明是君子，不是應該有好結果嗎？孔子回答：「『道』有三個境界，最差的是不相信好有好報，所以不做好事；中間的是相信善有善報，為了回報而做好事；最高的境界，是不管有沒有好報，因為自己的理念和受過的教育，堅決要做好事。」情況就像紅燈不能過馬路一樣，一開始是因為害怕被罰款，現在已經形成習慣，會下意識的看一看紅綠燈了。

　　孔子認為「君子固窮」，做君子就要有窮的準備。他很失望子路是他的大弟子，卻連這個道理都不懂。於是他問子路：「你認為我們為何這麼窮困？」子路就懷疑自己：「是不是我們不夠仁、不夠智？」孔子又問：「那伯夷、叔齊是不是仁？（伯夷、叔齊是當時公認的仁人，最後餓死了。）比干也素有智謀，為何他仍然會被紂王殺死？」孔子的意思是，一個人的際遇，和仁與智並無關係。

　　孔子又問子貢同一條問題，子貢答：「因為老師的『道』太高了，天下容不下我們的『道』，不如我們降低一點吧。」孔子的

道德要求的確比一般人高，才能帶領大家去提升道德標準。子貢這麼答，即是他不能堅持理念，而是跟著市場要求去走。

顏回的答案是：「夫子之道至大，故天下莫能容。不容何病？不容然後見君子。」前半句和子貢一樣，你的道德要求太高了，天下容不下你，後半句卻截然不同，容不下又怎樣？容不下才知道你是君子，所以你自然會遇到困難，要用血肉去捍衛你的道。

最後，孔子一行人也能成功脫困，那時孔子已經六十多歲了，再流浪多幾年，到六十八歲就回到魯國，整理《易經》、《詩經》等典籍。本來《詩經》並沒有一本完整的書，是孔子選取了三百首詩，組成《詩經》。四書五經共有九本書，除了《孟子》之外，其他八本都與孔子有關，有些是他編的，有些則是他重寫的。

在孔子之前，《易經》只用來卜卦算命，只是一本通勝，孔子則加了很多人生理念的注釋，令《易經》變成現在的人生哲理書籍。他認為這是周文王時留下來的，不能算是他的著作，但事實上，這些深奧的意思，都是他加進去的。

弟子曾參曾問孔子：「你主要的道理是什麼？」孔子答：「一以貫之。」有一個方向，由頭都跟到尾。曾參點頭說明白了，其他弟子去問他：「你真的明白嗎？」曾參答：「所謂『一以貫之』，只是『忠』和『恕』兩個字。」「恕」是己所不欲，勿施於人；「忠」是己欲立而立人，己欲達而達人，完成別人的夢想，令別人開心。

　　子貢又問：「如果我只想找一個字，來終身奉行，該選哪個字？」孔子選了「恕」，因為「忠」是要完成別人的夢想，層次較高，較難達到，但如果只是「己所不欲，勿施於人」，就較容易實行。

　　有一次下雨，孔子坐馬車上街，馬車上要裝一個蓋去擋雨。他本來想問一個學生借，轉念又想，這個學生很小氣，若他不借給我，他會覺得對老師不起；借了，他自己又不高興。於是，孔子就決定冒雨上街了，這就是他所說的「恕」，理解別人的想法，為別人著想。

　　而且，孔子還要「推其長，諱其短」，儘量呵護別人的缺點，如果別人沒法改過，那就不要提起他的弱點吧。

不過，孔子經常教訓子路。孔子長得高，子路第一次見他時，為了令自己顯得強壯一點，就在頭上戴了雞冠，腰上掛了野豬的牙。孔子說：「你為何像個野蠻人似的？」似乎，子路就經常要當下把，被他用來作反面教材。有時，我反過來想，子路的幽默感也是不能小覷的，只不過，幽默的說話不是從他的口中說出來吧了，在一個幽默劇的舞台上，各人有各人的角色扮演，重要的是，大家是否從他們師徒之間的互動，領略到些什麼。

8.7 七十而從心所欲，盡信書不如無書

孔子「七十而從心所欲，不逾距」，想幹什麼就幹什麼，卻不能脫離規矩，感覺有點約束，但是，孔子所思所想都在道德範疇內，就沒有這個問題了。一般人的「從心所欲」是想中一注六合彩，孔子卻不求富貴，反而能達到思想上的自由。

不要以為孔子的規矩很迂腐，有一次，他周遊列國時，被困於「蒲」，蒲人是一羣野人，圍住了孔子一行。孔子想離開，蒲人問：「你要去哪？」孔子答：「要去衛國。」蒲人便說：「好吧，你答應我們不去衛國，就放你走。」孔子就簽下盟約（野人也識字），帶著徒弟離開了。

徒弟問：「我們不能去衛國，那該去哪？」孔子答：「去衛國嘛。」徒弟很驚訝，你不是承諾了不去衛國嗎，難道你要反悔？孔子說：「要盟也，神不聽。」意思是，被要脅而立下的盟約，連神也不會聽，咦，這可是現代的合約精神。在現代人的合約中，被脅迫或者喝醉酒簽的合約、未成年或弱智人仕的簽署，統統都沒有法律效力。這一點，孔子在春秋時代已經看通了。

那個年代，講求「言必信，行必果」，孔子卻說「硜硜然小人哉」，必定要守約的，是淺薄固執的小人。「言信行果」是應該的，卻不是「必」定要守。後來孔子還發展出「無意無必無固無我」，「無必」就是世上沒有必然的事，每件事都要經過思考，在這個情況是否適合去做；「無固無我」是不要固執，這就是孔子的「從心所欲」。

孔子離開魯國後，季桓子遺命吩咐兒子季康子，把孔子召回來。季康子卻怕被孔子管束，只召回了孔子的弟子冉求。後來，齊國攻打魯國，雖然派來的先頭部隊人數不多，但齊國是大國，魯國當然很恐慌，季桓子連忙問冉求怎麼辦。

冉求答，很簡單，魯國有三大家族嘛，找兩大家族出戰，剩一

個家族留守就成了。問題就來了，誰去出戰？季桓子當然不敢去，但也不知道該怎麼叫別人去啊。冉求只好提出最公平的方法：「那就三個家族一起出戰吧。」三個家族都不願意，最後只好死守魯國。

兵臨城下前，兩個家族來找季康子商談，季康子不願出來，冉求則站在門外，兩個家族連忙問計。冉求只說：「通常我會先考量自己有沒有才能，再考慮自己有沒有能力再出戰。」意思是，你們沒有能力，才走來問我。冉求其實是不滿意的，他希望保衛國家，但大家都不敢出戰。

終於打仗了，冉求帶領左軍，孟家長子帶右軍。結果，左軍全勝，右軍慘敗，這才發現，原來右軍聲稱人數眾多，但士兵不斷遲到，等了五天才湊夠人數。終於趕走了齊國軍隊，這也是因為齊國看不起魯國，派來的人數不多。

季康子驚訝地對冉求說：「我沒想過你會贏，你從來都不像懂打仗耶，到底是誰教你的？」冉求答：「是孔子教的，不過，再打下去，我也沒辦法了，要請孔子回來坐陣。」季康子不禁思考，是否該叫孔子回來？冉求嘲諷道：「這一次你可別聽那些小人的話了。」上一次，季康子就是聽信讒言，才沒有召孔子回魯國。

於是，季康子召孔子回國，那一年，孔子六十八歲。這也可能是因為孔子老了，季康子估計，孔子應該沒法影響他、也沒法扶植勢力了。孔子從此結束了流浪的生活，在魯國寫《春秋》，也幫《易經》做注譯。

孔子曾對顏回說：「用之則行，舍之則藏，唯我與爾有是夫。」如果別人覺得我們有用，我們就出來貢獻；別人不想用我們，我們就藏起自己的才能，服務社會不一定在當代，可以把理念傳到下一代。

孔子回國前，他的妻子已經死了，第二年，兒子孔鯉也死了，雖然有個孫兒子思，但兩人關係不算密切，他並沒有親自教導孫兒，而是交給了曾參。而孔子心目中的衣鉢傳人顏回亦早死，孔子身邊已經沒什麼親人了。

大弟子子路為人忠心，流亡時寧願放棄做官的機會，保護孔子，可惜悟性不夠，不能繼承孔子的思想。子路六十多歲時，去衛國當了一個貴族的將軍，後來衛國內亂，也不是正義之戰，只是貴族之間的紛爭。孔子的另一個學生高柴（之前提過，斬了犯人的腳，犯人仍不怨他的司法官）逃脫了；子路卻不肯走，就是

堅持「言必信，行必果」的信念，繼續幫那個貴族打仗。最後子路戰敗，知道自己要死了，他說：「我是孔子的學生，死也要整整齊齊的。」於是他收拾好自己的衣服，就慷慨赴死了，也有幾分英雄感。

高柴和子路在同一個處境，高柴能逃出生天，就是懂得思考，明白孔子「言必信，行必果，硜硜然小人哉」的精神，不像子路般一往無前。

最後，孔子最親近的學生只餘下子貢。子貢善於言辭，曾經用外交手段解決國家的危難，甚至有人認為，他比孔子更有作為。其實，子貢和孔子的思維並不相同，子貢著重眼前的利益，孔子卻有長遠的目標，希望能把思想傳承下去，所以他著書立說。「四書五經」除了《孟子》之外，其他都與孔子有關。

孔子正在寫《春秋》時，出現了一隻既不像牛又不像馬的怪獸，怪獸的腳受傷了，有人把這個故事告訴孔子，孔子就不再寫《春秋》了。他說：「雖然你們不認得這隻怪獸，但從你們的形容，我知道那是麒麟，麒麟出世本是有賢君的，但麒麟『傷腳而敗走』，即是沒有賢君了，這個世界不會變好了。」

大部份人對儒家的印象，都是講求禮儀，比較迂腐，其實儒家是很有變通空間的。儒家有六德，「仁、智、信、直、勇、剛」，能做到就是德行，但如果做得不好，就會變成「六弊」，「愚、蕩、賊、絞、亂、狂」。

　　太過「仁」會變成愚，所以要多學習，才能掌握這個標準；太過「智」會變蕩，失去自己的方向；「信」是守承諾，不是說守承諾會變成賊，「賊」是指固執的意思；太過直率會「絞」，變得尖酸刻薄，說話上得罪人；過於「勇」會「亂」，即是做錯事，這簡直是指子路嘛；太過剛烈就會「狂」，胡亂做事，變成衝動。

　　每個優點都跟隨著一個弊病，要依環境轉變，才能真正的做得好。

春秋地圖（後期）

中山

婁煩

義渠

晉

秦

鄭

周

郇

唐

楚

百濮

洞庭湖

論時習之不亦說乎有朋自遠
來不亦樂乎人不知而不慍不亦君子
乎其為人也孝弟而好犯上者鮮矣不
犯上者而好作亂者未有也君子務本
本立而道生 孝弟也者 其為
仁之本與 巧言令
鮮矣仁 為人 忠
朋友交而不信乎傳 敬
乎信 道千乘之國 愛人 使民則
弟子

不喜歡打仗的兵法宗師⋯

孫子

著作《孫子兵法》對中國軍事思想有深遠的影響，更被翻譯成不同國家文字。

不喜歡打仗的兵法宗師：
孫子

9.1 孫子是什麼人？

　　大家都知道《孫子兵法》來頭很大，中國古代戰爭頻繁，人人都讀這本書，依照書上的道理來打仗，似乎，是「打仗考試」的必修課。不過，今時今日，相信我們沒有機會參與戰爭了吧，為什麼還要了解《孫子兵法》？原來，由這本書的邏輯思路，引申出很多人際關係、商業戰略的方法，而且，不單止中國人在讀，在日本或者西方國家，《孫子兵法》也很流行。有一個看法，就是如果人家都懂，只有我們自己不懂，將來就很吃虧了。

　　首先，我們先來問，孫子是什麼人？在二千五百年之前，為什麼會寫得出這樣透徹的道理？有不少版本，認為他是個普通農夫，耕田時想出了大道理。事實上，《左傳》沒有提及，《史記》也只是略略介紹他是齊國人，但他進入吳國成為軍師時，只有廿多歲，有可能憑空想像出一套兵法來嗎？有人認為孫子並不存在，是後來的孫臏揑造出來的。又有人認為，孫子其實是吳國大將軍 伍子胥 的化名。最多人喜歡的說法，認為孫子是一個農夫，

在耕田空閒的時候，讀古書，而想出來的道理。

坦白講，這個「農夫說」受歡迎，是因為有小說味道，一個普通人，只是因為努力讀書，就變成天才，當然是大家喜歡的情節，但只要細心推想，在春秋時代，文字刻在竹簡上，非常珍貴，一般農民，哪有機會看到？

如果孫子出生於顯赫世家，歷史又沒理由不作詳細記載，究竟是出了什麼問題？當中有一個說法，認為孫子來自齊國。《左傳》記載了陳國的一段歷史，陳厲公去世，陳國內亂，他的長子叫「陳公子完」，避禍去到齊國，在那兒當官。初時，只是擔任基層的管理工作，一直累積功勞，到他的四世孫 —— 陳無宇，已經官拜「上大夫」。在陳無宇 的時代，陳氏已經是齊國的一個大家族，具備政治勢力。他的次子叫陳書，領軍打仗，立了些功勞，齊王封了「樂安」作為他的采邑，並且賜姓為「孫」，從此，「陳書」就變成了「孫書」。而這位「孫書」老先生，正是孫武的祖父。

從這一條資料看到，孫武是陳國君主陳厲公的後代，後來，他爺爺在齊國任職主要官員，也是貴族階級，令他從小就有一

不喜歡打仗的兵法宗師：孫子

個優越的學習環境，很容易就接觸到文化典籍，學到一般人不能問津的知識。另外，他的曾祖父、祖父，都是善於帶兵作戰的將軍，並且擁有本族的私屬軍隊，曾經參與過卿大夫之間的角逐，進行內戰，為齊國國軍立下功勞，這個成長的環境，對他帶來不少的影響。

孫子既然是齊國的貴族，為什麼又會去到吳國呢？當中一個原因，是由於齊國有不少大夫貴族，各自擁有自己的勢力，因為爭奪權力，而發動互相傾軋鬥爭，甚至篡奪君位的事情，也有發生。而吳國則王權集中，很少有內亂情況，孫子認為這樣的統治政策，比較有前景，所以投奔到吳國來。如果從這樣的背景看來，孫子應該體會得到這些內亂引起的戰爭，對國家造成的傷害，他為什麼要寫兵法？

我們來看《孫子兵法》，意外地，原來超過一半的內容，講的不是怎樣去打仗，反而是怎樣在「不開戰」的前題之下，獲得勝利！如果我說，《孫子兵法》的主題是「反戰」的，肯定大家會覺得匪夷所思，但如果從這個方向去讀，相信會有很大的啟發。

被翻譯成英文的《孫子兵法》書籍

9.2 君命有所不受

孫子寫了十三篇兵法，獻給吳王闔閭（即夫差的老爸），吳王一看，認為是天才，打算委以重任。不過，當吳王發現孫子只是一個小伙子的時候，就開始懷疑他的能力。孫子為了表現自己的才幹，就表演訓練宮女去打仗，選了一些宮女出來，由吳王兩個最寵愛的妃子帶領着，接受孫子的訓練。示範完畢，

孫子下達行動的命令，宮女們沒有把他當作一回事，當是開玩笑的，亂作一團。孫子說：「號令未解釋清楚，是我的不對，我再解釋一遍，大家留心聽著。」

孫子不厭其煩的詳細解釋，然後，再來一次軍事演習。結果，宮女們依然沒有聽他的指揮，孫子就嚴肅地說：「第一次演練不成功，是我沒解釋清楚。我解釋清楚之後，你們仍然未依從指揮，就是兩個隊長的責任，依軍法處置，需要把兩個隊長處斬。」

吳王一聽到要處死兩個愛妃，連忙阻止，說：「孫卿家，你的才幹，孤王已經知道了，這個示範到此為止好了。你要知道，這兩個是我最心愛的妃子，沒有了她們，我晚上睡不著覺，萬萬不能殺！」

孫子卻說了一句：「君命有所不受！」說畢，手起刀落，就把兩個妃子斬了。其他宮女看見，馬上就聽起話來，乖乖的聽從指令。不過，這個時候，吳王又哪有心情看他的示範呢？

孫子這一句「君命有所不受」，其實是十三篇兵法中，一再強調的重點。就是說，前線有很多變化，君主不可能知道當中的微

妙轉變，所以，將軍不需要遵從君主的指示，而應該獨立自主，作出合適的即時決策，可見他非常重視前線將領的自主性。他和吳王有這樣一段往事，不能得到老闆的歡心，也是可以想像的事。

9.3 孫子不愛打仗

9.3.1 日費千金，然後十萬之師舉矣

　　我們普遍都知道，孫子是兵法大師，打仗專家，很難想像，他其實不主張打仗。但只要開始去讀《孫子兵法》，第二篇《作戰篇》就已經跟我們說，打仗勞民傷財。孫子和我們計數：「馳車千駟，革車千乘，帶甲十萬，千里饋糧。則內外之費，賓客之用，膠漆之材，車甲之奉，日費千金，然後十萬之師舉矣。」

　　「馳車」是戰車，以速度取勝。在春秋時代，主要用戰車打仗，車上載三名軍人，跟著步兵七十二人，所以，一輛戰車是七十五人，我們用「千乘之國」內應用一個國家的軍事實力，就是指這個國家有一千輛戰車，七萬五千人的部隊。

　　「革車」是運貨車，裝糧食、戰具等物資的，一輛革車配十個賣飯工，五個事務員，五個養馬的，五個砍柴打水的，共二十五人。所以一千輛革車是兩萬五千人。

兩種人員加起來，就是「帶甲十萬」。這十萬人，每天都要填飽肚子，如果去遠方打仗，路程上就已經所費不菲，所以，打仗本身就是一件損耗國力的事。其實，進而推論到現代社會，即使是一般的訴訟官司，也會引起大量成本，律師費比賠償金額更高的事件，絕不罕見。

9.3.2 役不再籍，糧不三載

其用戰也，
勝久則鈍兵挫銳，
攻城則力屈，
久暴師則國用不足。

打仗這回事，時間久了，就會令軍隊疲憊，銳氣受挫。要攻打別人的城鎮，更加令到兵力耗竭。當軍隊長期在外面作戰，國家就會顯得財力不繼。可以想像，當一個國家的軍隊疲倦，作戰沒有鬥志，財力又不足，其他國家見到有機可乘，就會一起來侵略，到了那個時候，再有智謀的軍事，也沒有辦法挽回這個劣勢。

所以，聰明的將軍，會用「役不再籍，糧不三載」的原則，首先，不會重複徵集同一批士兵，即是說，軍隊打完仗回來，就不用擔心自己會再被徵集。然後，要運送的糧草，早一步計劃，不會來回運送到不同的地方。這些做法，都是盡量減少打仗的成本。

最終的目的，就是「速戰速決」四個字。

9.3.3 故智將務食於敵

至於真的不能避免開戰的話，就要解決糧食和物資的問題，孫子作出了建議：「故智將務食於敵，食敵一鍾，當吾二十鍾；忌杆一石，當吾二十石。」這個想法，就是要在前線（多半是在敵國境內）籌集糧草。當然，我們用文明的詞彙，稱之為「籌集」，其實，就是「搶掠」。但在戰爭的過程，不能單靠自己後方的長久支援，所以，惟有就地取材，搶敵人的物資。孫子的說法，吃了敵人一份的糧食，就抵得過自己運過來的二十份糧食。用現代的語言來講，在競爭開始之前，先要考慮：「怎樣做才能利用到別人的資源，來達到自己的目的。」

原文還說：「車戰得車十乘以上，賞其先得者而更其旌旗。

車雜而乘之，卒善而養之，是謂勝敵而益強。」即是要主動獎賞搶得對方戰車的士兵，搶了戰車回來，換了戰旗，就當是我們的戰車。對於俘虜回來戰俘，先要善待他們，用他們去前線打仗，結果，我們越打越人多，戰勝的機會越來越大！這就是所謂的「以戰養戰」。

9.3.4 打仗先要計數

孫子兵法的第一篇，是《始計篇》，所說的計，是計劃多於計謀。而所謂計劃，最重要的，其實是計數，計一計自己的成功率。古人又稱之為「廟算」，計算什麼呢？不單止是兵力的多寡，還有很多其他的考慮因素，把它們歸納，量化起來，就可以在正式打仗之前，預計結果。換句話說，早在未開戰之前，勝負已經分了！

在古代，國家要做重大的決定，皇帝就會到宗廟祭祀、稟告天神，然後商議對策方案，所以稱為「廟算」。那麼是要計算什麼東西呢？

孫子列出了五項條件：「一曰道，二曰天，三曰地，四曰將，五曰法。」那就是「道天地將法」！

道 – 就是道德的標準，道理講得通，容易得到大多數人的認同，同伴也會隨之增加。換句話說，就是招牌要冠冕堂皇，我們看晉文公四年當霸主，就是口號受歡迎；專諸答應去刺殺吳王僚，也是因為相信公子光是正派。

天 – 天時好像是很抽象的意思，其實是講時機的把握，什麼時間對自己作戰最有利，考慮自己，也考慮敵軍的狀況。

地 – 地利就比較容易理解，古代用冷兵器決鬥，能夠掌握地形上的優勢，對勝負的影響很大。

將 – 這是指將軍（前線領導）的質素。孫子稱將軍又有五種必備的條件，包括：智、信、仁、勇、嚴。這方面另文再詳細解釋。

法 – 所謂法，就是指制度。有嚴明的紀律，賞罰分明，在前線作出有效率的指揮和調度。

不喜歡打仗的兵法宗師：孫子

孫子說得很簡明，必須在這五種條件，都比敵人優勝，才有打勝仗的可能！留意一下，我們聽到「廟算」，就以為只是去問卜；聽到「道、天、地」等字，就誤以為是迷信，其實是字眼上的誤會，小覷了古人的智慧。

9.4 不是「百戰百勝」

9.4.1 知己知彼，百戰不殆

　　我們常常誤以為，孫子兵法的「知己知彼」，下一句是「百戰百勝」，其實不然，原句其實是「百戰不殆」。殆就是陷入極大危險的意思，這兒的「不殆」，差不多就是「不會輸」的意思。

　　打一百次仗，勝一百次，和輸零次，有什麼分別？首先，不輸，並不代表全部贏，也可以是打和，也可以是沒有開打。但不輸，就表示還有本錢活下去，活得下去，就有機會笑到最後。

　　另外，打仗這回事，兵凶戰危，縱然贏了一百次，也難保不會在第一百零一仗打輸，打輸了，就多半沒有以後了！

　　孫子的說法，回到一個「知」字。在戰爭之時，我們了解自己的優點缺點，又知道的人的強項弱項，就立於不敗之地。如果

我們不了解自己對方，但仍然了解自己，還有一半機會。假使間，我們完全不了解雙方的強弱比較，只憑自己的一腔熱血，希望圖過僥倖，結果是必敗無疑。

9.4.2　不戰而屈人之兵

第三篇叫做「謀攻篇」，其實是全本書最重要的中心思想：不戰而勝！

孫子告訴我們，最好的兵法是以謀略取勝；其次是靠外交手段；與敵軍正面交戰而得勝，就已經差一點了；假如要攻打城池，就是最差的勝利。

即使打勝仗，也是差的結果嗎？

「百戰百勝，非善之善者也；不戰而屈人之兵，善之善者也。」原來，最理想的勝利，是不用開戰，單靠謀略，就達到目的。如果要戰爭，就必定會有所損傷；假使要攻城，大家可以想像，人家防守得好好的，你帶人馬去攻打，是一仗功成萬骨枯的故事，贏一仗，自己也元氣大傷。

也有些人誤會了這句，選擇出兵，但不攻城，只是繞過敵人的城池，希望打擊敵國的大本營。這個戰略，其實更加冒險，敵人的城池，通常有軍隊駐守，你的兵馬繞過他，其實是把自己的後方暴露。第一個可能，他們出兵，就可以夾攻我們；又或者，他們截斷我們的補給，沒有糧草的供應，也可能令我軍進退失據。

　　不過，不打仗而又獲勝，有這個可能嗎？舉一個例子，戰國時代，秦國要攻打齊國，齊國和楚國結盟，他們加起來的實力鴻厚，秦國不敢輕舉妄動，就派張儀當說客，去離間齊、楚之間的關係。張儀到了楚國，對楚王說：「秦國願以割地六百里獻給楚國，只求秦楚兩國和好。」

　　楚王貪心，答應了秦楚兩國互不侵犯。齊知道這個消息，大怒，認為楚王接見了秦國的使者，與秦王和好，破壞了齊楚之間的盟約，當中必有陰謀，於是和楚國翻了臉，互不往來。

　　其實，張儀所說的「秦國願意割地六百里」，只是一個謊言，秦王後來說：「不是六百里，只是六里。」楚王當然大怒，認為秦王失信，故此出兵伐秦，只不過，這個時候，楚國沒有了齊國的幫助，孤立無援，伐秦這一戰是以卵擊石。

在整個過程中，張儀只靠一張嘴，針對楚王的貪念，破壞了齊楚之間的盟約，完成了自己的計劃謀略，手段雖然卑鄙，但亦是「不戰而屈人之兵」的道理。

9.4.3 知勝之道

要有效率地進行戰爭，就必須事先判斷獲勝的可能，這就是所謂的「知勝」。孫子說「知勝有五」，知道這五件事，就能掌握勝負。大家問，早前不是已經說過「道天地將法」嗎？這兒又重複？其實，這和五項「知勝」，指的是在戰場上的前線考慮，是每一場仗的邏輯：

「*知可以戰與不可以戰者勝*」— 知道在什麼條件之下可以戰，什麼條件之下不可以戰的，就能取勝；簡單的說，就是弄懂遊戲規則。

「*識眾寡之用者勝*」— 兵多有兵多的打法，兵少有兵少的部署，靈活運用，就能取勝；打仗當然是希望軍隊強大，但也不是每一次都人多勢眾，所以有相關的策略。

「上下同欲者勝」—— 全軍目標一致，上下一心，就能取勝；
如果各有各的想法，不齊心，自然就事倍功半。

「以虞待不虞者勝」—— 自己做好了準備功夫，去攻擊沒有準
備的敵人，就能取勝；所謂「機會是留給有準備的人」，這是
千古不變的道理。

「將能而君不御者勝」—— 前線將軍能幹，而君主又加干涉
的，就能取勝。這一點，非常重要，孫子有更深入的描述。

　　他說，打仗的時候，君主有三個模式，會擾亂軍隊的作戰計
劃。首先，身為君主者，不知現在不宜進攻卻命令進攻，不知現
在不宜撤退卻命令撤退，對軍隊的部署構成阻礙。其次，身為君
主者，不清楚軍隊的狀態，卻對軍隊發號施令。第三，不了解前
線的戰略，卻指揮軍隊作戰。

　　事實上，大部份君主都沒有前線作戰的經驗，在打仗的時候，
沒可能比將領更清楚有什麼合適的方法。但由於他是君主，他發
出的號令，大家不敢漠視，自己令到軍隊無所適從。

孫子兵法有一個常用的概念，就是先把自己守得好好的，然後靜待敵人發生錯誤，露出破綻。而對方的君主發出不適當的號令，擾亂軍隊的調度，就是一個常見的時機。

在現代的社會，這種情況屢見不鮮。做市場管理的朋友，肯定有這樣的經驗，老闆有豐富人生經驗，但就憑他的個人常識，制定市場策略。在這些老闆眼中，什麼市場計劃、廣告策劃，統統是非科技決定，換句話說，全部都只是常識。殊不知，市場瞬息萬變，每一個競爭對手，都用合適的專業人材在前線打拚，絲毫不可鬆懈！

9.5 「風林火山」不是一座山

大家讀《孫子兵法》，很多時會先看第七篇《軍爭篇》，因為日本名將武田信玄引用了「風林火山」，立下顯赫戰功，自然就出名了。殊不知，「風林火山」雖然重要，但只是「軍爭篇」的一個部分，形容行動上的節奏和形態，並非全篇的重點。

9.5.1 以迂為直，以患為利

孫子在其他章節中，提到早一步到達戰場，佈置妥當，就可以有「以逸待勞」。

如果片面地理解這一點，大家會想：「這還不容易？在地圖上，由起點到目的地的兩點之間，我們畫一條直線，不就是最近的距離嗎？」

這個想法，就未免把複雜問題過份簡化，一方面，這條直線不一定行得通，中間可能有高山或河流的阻礙；另一方面，這路線太容易預測，有被截擊的可能。

所謂「軍爭」，爭取的，既不是眼前的利益，亦不是純粹鬥快。真正要爭奪的，其實是在軍事上的有利條件，故此，有「以迂為直，以患為利」的說法。「以迂為直」，就是以迂迴進軍的方式前進。迂迴路線為什麼會更快？那是因為我們利誘敵人去攻打其他地方，拖慢他們的步伐。「以患為利」，就是把看似不利的條件，變為有利的因素。

現代人有句話，說是「慢慢來，比較快」，也是這個道理。快與慢，其實很相對，拖慢了敵人，就等於自己快了。如果一味追求自己跑得快，會有什麼後果？孫子給我們描述了一個很典型的例子：

帶着全部裝備和糧草去趕路，就會影響行軍的速度，行走的時間自然比較長；丟下裝備和糧草，輕裝去趕路，這些裝備就會損失。勉強帶著裝備，強迫軍隊急進，日夜不休息地，奔跑百里，去到戰場會發生什麼事？健壯的士兵能夠先到戰場，疲憊的士兵必然落後，只有十分之一的人馬如期到達，兵力不足，交鋒起來自然會吃虧，一個弄得不好，連三軍的將領有可能會被俘獲。

　　好了，如果路程稍短，行軍五十里的話，僅有一半軍隊如期到達前線，先頭部隊的主將必然受挫。再近一點，只趕三十里的路，一般只有三分之二的人馬先到，可能輸得沒有那麼慘。

　　到了戰國時代，孫子的後代孫臏，就是利用這個概念，引誘宿敵龐涓的大軍。龐涓把大隊步兵撇在後頭，用騎兵去追殺孫臏，結果就被孫臏殲滅了，正是這個道理。（孫臏的故事，留待下一本《歷史大人物》，再和大家分享。）

9.5.2 風林火山陰雷

　　「其疾如風，其徐如林，侵掠如火，不動如山，難知如陰，動如雷震。」

日本戰國時代，名將 武田信玄 請人做了「風林火山」軍旗，自此，這一面孫子之旗開始發揚光大。武田信玄於日本戰國時代參與多場戰役，在德川幕府成立後為評價為「武神」，可以說是日本戰國的象徵人物，在日本歷史中具有相當的影響力。香港人在「街頭霸王」遊戲機中，經常見到「風林火山」軍旗，可能會誤會是日本文化，未必知道源自孫子兵法。

其實，在「軍爭篇」之中，共有六個行軍形態，「風林火山」之後，還有「陰」和「雷」，全文是：

其疾如風 － 部隊行動要迅速，如疾風吹過；

其徐如林 － 調動時要從容，如樹木般井然有序；

侵掠如火 － 攻城掠地時，如烈火迅猛蔓延；

不動如山 － 駐守防禦時，如大山般無法撼動；

難知如陰 － 軍情部署，如烏雲蔽日般無法看透；

動如雷震 － 一旦出擊，如雷霆般震攝對方。

細心留意一下，六個形態之中，三動三靜，「風火雷」三招，是行軍時進攻的樣子，某程度上來看，可以想像。「林山陰」就比較接近心態上的火候，尤其是「不動如山」，通常用於守勢，究竟要守多久？究竟等待什麼時機？這些考慮，其實取決於心理質素。

9.5.3 三軍可奪氣，將軍可奪心

　　對付敵人的士兵，要盡力打擊他們的士氣。對付敵人的將領，要設法動搖他的決心。孫子舉了一個例子：敵人朝早時，其氣必盛，我們不要去挑戰；等到中午，對方開始睏倦，我們的機會就大一些；待至黃昏，他們更加疲倦，士氣衰竭，趁這時候發起猛攻，自然比較有效。

　　當然，這個比喻，是觀察敵人士氣的起落，不是單純的叫我們一定要在黃昏時份打仗。另外，靚察敵人士氣之時，也要管理自己軍隊的士氣，要掌握並運用軍心，這是勝負的關鍵考慮！

　　所以，如果觀察到敵方旗幟整齊、部伍統一、士氣飽滿，我們就要重新考慮，究竟是否要堅持打下去，因為一旦開戰，自己要付出的代價，必然比想像中更高。

9.6 兵法是詭道

9.6.1 故能而示之不能

孫子在第一篇《始計篇》，就已經說得清楚：「兵者，詭道也。故能而示之不能，用而示之不用。」

當一切條件都具備好，要開打了，孫子提醒我們，打仗其實是騙人的比賽，所謂戰術，就是讓對手相信一些與事實完全相反的事，製造有利自己的情勢。先要掩飾自己的強項，「示之不能」就是要敵人疏於防範；亦要掩飾自己的作戰意欲，「示之不用」就是要對方以為我們沒有開戰（或抵抗）的意圖。

我們要留意，「示弱」不是永遠的法則，在太平盛世的日子，刻意示弱反而會引起敵人的野心，無端引來戰禍，反而不妙。這一段，所說的「示之不能」，指的是開戰的時候，引誘敵人來攻擊我們最堅固的地方，令對手付出重大的代價。

9.6.2 兵者，詭道也

　　有什麼詭詐之道？孫子一口氣列舉了八個陣前方案，戰陣之上，的確是有效的招式。

1）利而誘之 – 給敵人賣個破綻，誘使對方上當。

2）亂而取之 – 在他們知道上當，亂作一團時，要抓住機會，進行主力攻擊。

3）實而備之 – 察覺敵人力量雄厚，就要及早防備。

4）強而避之 – 看見敵人兵勢強盛，就要避開正面的衝突。

5）怒而撓之 – 敵人易怒，就要令他憤怒，失去冷靜的判斷。

6）卑而驕之 – 遇上謙卑的敵人，就要想辦法，讓他們驕傲，疏忽大意。

7）佚而勞之 – 對方休息好了，就要讓他們疲勞。

8）親而離之 – 假如他們內部和睦，就要設法離間，只要對方內訌，就容易對付了。

最後，真的開打了，還有兩個口訣：

9）攻其無備 – 要進攻，就選擇敵人沒有防備的地方去襲擊。

10）出其不意 – 出兵的時刻，也要在對方意料不到的時間。

9.7 揀將

9.7.1 智者之慮，必雜於利害

聰明的將軍在考慮問題的時候，需要兼顧到利和害兩個方面。在危險的情況下，要看到有利的條件，令到事情可以積極進行。在順利的時候，也要考慮到不利的因素，才可以預先防範禍害的發生。

反過來看，也可以用利和害，作為一種武器，去影響敵人。我們知道對方害怕什麼，就可以用來威脅，迫使對方屈服；亦可以用來威嚇對方，令他們疲於奔命。相反，我們知道對方喜歡什麼，或有什麼貪欲，就可以利誘，令對方為我們所用。

「用兵之法，無恃其不來，恃吾有以待也。」絕對不要心存僥倖，希望敵人不來攻打，能夠依賴的，只有自己的充分準備，防守嚴密。

「無恃其不攻，恃吾有所不可攻也。」不要寄希望於敵人不來進攻，自己可恃的，是掌握力量，策略完善，令敵人沒有信心攻破。

9.7.2 將有五危

這一篇的最後一段，談到將領有五種致命弱點：

必死，可殺也 － 只知拼命死衝的，可把他誘殺；

必生，可虜也 － 貪生怕死的，可把他俘虜；

忿速，可侮也 － 容易發怒的，可以凌辱他而令
他出錯；

廉潔，可辱也 － 廉潔的將領愛好名聲，可以誣
捏他而令他失去理智；

愛民，可煩也 － 對百姓有愛心的，可以出招煩
擾他，他為了保護百姓，就容
易陷於被動，有機可乘。

這五種弱點，其實都是在戰陣之中，可以被敵人利用的地方。孫子沒有提到的，反而是戰陣以外，將領與君主之間的關係。大家要明白，君主也是人，也有感情用事的地方，將領帶着軍隊，在外面打仗打得久了，有時，可能試過「君命有所不受」，君臣之間因此而疏離了，就有機會被敵人離間，這是第六種弱點，孫子沒有提及，未必是他的疏忽，可能是為了避免欲蓋彌彰，免得提來，反而被君主疑心。

9.8 好將軍不出名

在第四篇《軍形篇》之中，孫子又提出一個令人疑惑的見解，他說：「見勝不過眾人之所知，非善之善者也；戰勝而天下曰善，非善之善者也。」即是說，能夠預知勝利，不是最好的將軍；能夠打勝仗而被天下人稱讚的，也不是最好的將軍。大家會問，打勝仗也不是最好，什麼才是好的呢？

孫子馬上告訴我們，古代真正懂得打仗的人，總是選擇一些容易戰勝的敵人，向他們出兵，肯定自己可以獲勝。原文是「古之所謂善戰者，勝於易勝者也。」大家一定忍不住問，這不是叫人以強凌弱嗎？在這兒，我加一點自己的看法，作為一

個將軍，面對戰爭的時候，要確保自己的軍隊在最少的損傷之下，獲得勝利。將軍的首要目的，絕不是自己的名氣，和挑戰強者的英雄感，當然，如果可以用其他方法，非武力地獲得勝利，就是最佳結果。

最後，「故善戰者之勝也，無智名，無勇功」，就是說真正會打仗的將軍，其實是不會有太大聲望名氣的。孫子心目中的理想將軍，是「故其戰勝不忒」，所謂不忒，就是不會犯差錯，怎樣才能無驚冒險的得到勝利，當然是去戰勝那些已經處於失敗境地的敵人。

9.9 「用間」就是資訊戰

孫子兵法的《地形篇》《九地篇》《火攻篇》，先講行軍佈陣的地形考慮，和現代社會關係不大（除非同學們玩 War Game，可能有參考價值）；《火攻篇》只在乎摧毀敵人，燒對方的軍隊或者糧草，當然是有效的戰術，但火攻的中心思想，其實是有破壞無建設，我也找不到在現今社會有關的用途，我個人覺得不值得鼓勵，暫且略過，不和大家介紹。

不過，在《火攻篇》中，孫子也一再強調，打仗並不是什麼好事。「非利不動，非得不用，非危不戰」，沒有好處就不要開戰，沒有把握就不要行動，戰爭是到了最危急關頭才採取的步驟。「主不可以怒而興師，將不可以慍而致戰……怒可以復喜，慍可以復悅；亡國不可以復存，死者不可以復生。」就是說，無論是國軍抑或主帥，不能夠因為自己的憤怒而發動戰爭。憤怒可以重新變為歡喜；但是國家滅亡了，人死了，就沒有以後了。

很明顯，孫子在提出火攻這個大殺傷力戰略的時候，也再提出，盡量不要開戰。

第十三篇《用間篇》，主題是打資訊戰，我覺得更為值得留意！

9.9.1 因、內、反、死、生

孫子指出，要了解敵情，不可以用求神問卜的方法，不可以用相類似的東西來做比較推測，一定要使用間諜，由熟悉敵國的人直接獲取資料。

間諜有五種方法運用：

因間－也稱為鄉間，就是使用敵人的同鄉做間
　　　諜。其實，就是利用民間的觀察，去了
　　　解敵人的實際情況。

內間－利用對方的官吏做間諜，這樣比較接近
　　　方的決策單位，獲得的資訊也比較深
　　　入。

反間－找出敵人潛伏在我國的間諜，利用這個
　　　間諜來打資訊戰。當然，可以收買間
　　　諜，也　可以刻意發放假資訊，利用這
　　　個間諜去蒙蔽敵人。

死間－製造一些錯誤的消息，由我方派去敵
　　　國的間諜，把假情報請給對方，誘騙
　　　敵人上當。當然，這個做法非常危險，
　　　一旦事情敗露，我們派去的間諜難免
　　　一死。

生間－這就是指純粹偵察資訊，獲得消息之
　　　後，活着回來報告敵情。

9.9.2 五間之事，主必知之

這五種間諜的使用方法，國君都必須了解，反覆使用。對於敵方派來的間諜，一定要搜查出來，用重金收買，或以道理開導，把間諜為我所用。

間諜的運用，可以說主宰了戰爭的成敗，孫子是春秋時代的人，他用了兩個更古代的例子來說明。他說商朝的興起，是因為他重用了夏朝的大臣伊尹，伊尹了解夏朝的國情政策，打仗的時候，自然得心應手。同樣地，周朝攻打商朝的時候，也是用了熟悉商朝的姜子牙，是「能以上智為間者」，就是能夠任用智慧高超的人來當間諜，自然可以建立大功。

孫子用專門一篇來介紹「間諜」，就是因為資訊的重要。而資訊蒐集的最重要一步，是辨別資料的真偽，用現代人的說話，就是「Fact check」了。

學而時習之不亦說乎有朋自遠方來不亦樂乎人不知而不慍不亦君子乎

其為人也孝弟而好犯上者鮮矣不好犯上者而好作亂者未有也君子務本本立而道生孝弟也者其為仁之本與

巧言令色鮮矣仁

為人謀而不忠乎與朋友交而不信乎傳不習乎

道千乘之國敬事而信節用而愛人使民以時

弟子入則

夏姬的蝴蝶效應⋯

外篇

外篇：
夏姬的蝴蝶效應

翻查春秋的史冊，赫然發覺有一個人物，歷史上名氣不算大，但卻有非常深遠的影響。那就是陳國的夏姬，她的妖姬能量可謂冠絕一時，除了害死一個國君之外，她的兒子和三個丈夫，都因她而死，這個「累街坊」宿命，絕對不是說笑的。而且，這個「妖之基因」居然繁衍三代，間接令「春秋時代」完結。

夏姬本來是鄭國的公主，在她很年輕的時候，和她同父異母的哥哥公子蠻有姦情，這段關係維持了三年，公子蠻就死了。

然後，她就嫁了給陳國的大夫夏御叔，故此，她被稱為夏姬。夏姬很快就誕下兒子夏徵舒，十二年後，這一任丈夫就死了。（野史有傳夏姬用妖法，吸了丈夫的精氣，令自己永遠青春，這一點，當然不可信。）

陳國在春秋的地位

西周初封諸侯國，面積大小不一，國君爵位高低有別。根據歷史記載，爵位分為五級，包括公、侯、伯、子、男，但統稱各國君主為諸侯。除此之外，還有第六級的附屬國，土地面積更小，一般隸屬於鄰近的封國。西周至春秋之際，有十二個有影響的諸侯國，包括魯、齊、晉、秦、楚、宋、衛、陳、蔡、曹、鄭和燕。

陳國是春秋時代中國東部地區的一個國家，其領土範圍包括現今的安徽、江蘇和浙江等地。陳國位於長江下游的南岸，疆域東至海岸，西至淮河，北接齊國和吳國，南臨越國。當時的陳國因為處於中心地區，和不少鄰國日常交流特別多，吸收並形成了具有地域特色的文化。陳國的地理位置十分重要，其領土經過長江和海岸線的交匯處，既有豐富的水利資源，也有便捷的交通網絡，這為其政治、經濟和文化的發展提供了有利的條件。

然後，夏姬在陳國交了兩個男朋友，孔寧和儀行父。這兩人都是陳國的大臣，兩人不僅沒有當對方是情敵，大家相安無事，更為了巴結王上，把夏姬推薦給陳靈公，他們就這樣發展出融洽的四人關係。對於大王有這樣的私生活，陳國的百姓當然不滿，但王上無心理會大家的意見，總之寡人開心便是了。

　　事情發展到這時候，看得出，夏姬只是有點多情，甚至可能有點被動，她孤兒寡婦嘛，給大臣與王上看中，自己也沒有辦法控制自己的命運。

　　有一次，這個三男一女組合，如常的嬉戲耍樂，說些俏皮話找樂子，指著夏姬的兒子夏徵舒，我說他像你，你說他像我，大家只是口頭上佔些便宜。沒想到，年青人覺得被羞辱了，拔箭把陳靈公射死，兩個大臣大驚，光著身子逃了出去，最後逃到楚國。

　　陳國的百姓本來就不喜歡陳靈公，所以，也沒有處置夏徵舒。反而，兩個大臣去到楚國，遊說楚莊王，來討伐夏徵舒（大概本意是順便吞併陳國）。當楚軍來到陳國的時候，陳國臣民為了避免戰爭，自己大開城門，讓楚軍當場處決了夏徵舒。閱讀到這刻，

是否也好奇夏姬的樣子？然而，網上找到的都是幾百年之後不同人士的猜測，但如果繼續閱讀餘下有關她的經歷，你應該也能從文字當中感受到她的美貌，在當年一定是一個超高質美人。

然後，楚莊王終於見着了夏姬，和其他男人一樣，也是登時魂飛魄散，馬上把夏姬帶回楚國，也懶得考慮要把陳國歸入自己的版圖。

楚莊王當然想納夏姬為妾，這時，楚國有一個大夫，叫做巫臣，馬上來勸止，說夏姬是不祥之人，這個巫臣也真的做足功課，把早前因親近夏姬而死的男人，詳細說給楚莊王知道。楚莊王仔細一想，美人雖好，總不及自己的性命重要，於是，就把夏姬賜給另一個大臣連尹襄老為妻。

夏姬的男人之中，這個連尹襄老最倒楣，只享受了幾天艷福，就要去打仗，而且，立刻就戰死沙場。他的兒子叫做黑要，眼看這是大好機會，第一個念頭，不是承繼老爸的家業，而是馬上迎娶老爸的新婚老婆，他嘛，的確是近水樓台，其他大臣想來搶，也不及他手快。

其實，夏姬正和巫臣暗通款曲，於是，就跟楚莊王說，因為她的老家鄭國，和晉國交好，可以憑藉這個關係，討回連尹襄老的屍體。夏姬回到鄭國之後，當然就不再回來了。沒多久，巫臣也偷偷去了鄭國，會合夏姬，然後，兩人投奔到國力強大的晉國，從此在晉國雙宿雙棲。而晉景公（晉文公的孫）得到名滿天下的巫臣，如虎添翼，當然是歡喜的，更馬上賞賜他封邑。

　　沒想到，故事還未完結（放心，巫臣沒有早死），巫臣的族人還留在楚國，就給楚王滅了族，然後又滅了黑要的家族。巫臣為了報仇，發誓要令楚國永不安靈，使出一條計策，去扶植楚國附近的一個比較原始的民族，那就是後來的吳國。巫臣更派自己的兒子，去幫助訓練吳國的族人，令吳國實力大增，對楚國造成長期滋擾，不得安寧。這一來，也間接種下了日後「吳越爭霸」的種子。

　　夏姬呢？她和巫臣在晉國生活下來，倒也歲月靜好。她後來生了一個女兒，一樣的美豔不可方物，女兒嫁到晉國的大家族「羊舌氏」，生了一個男嬰。男嬰的哭聲就像狼嚎一樣，族中的老人家就預言到，這個族會因這個孩子而滅亡。

這個孫兒的名字也真古怪，叫作「羊舌食我」，他長大後當上家主，卻帶領「羊舌氏」和另一個大家族「祁氏」，被晉國的其他家族吞併了。於是，他們的家業壯大了「趙」「魏」「韓」三個家族，間接造成「三家分晉」的事件，生出趙、魏、韓三國。

　　這個「吳越爭霸」和「三家分晉」兩件事，就標誌了「春秋時代」完結，進入了「戰國七雄」的年代。這麼驚天動地的變化，居然是因為夏姬剋夫帶來的「蝴蝶效應」！這位夏姬女仕的影響力，當然不容置疑，我甚至認為，她的「妖值」，比妲己、褒姒猶有過之，只是名頭沒有那麼響亮，雖無大人物之名，卻有大人物之實！

歷史大人物：春秋

作　　　者：黃獎
出 版 人：麥家昇
封面美術：Hinggo Lam
內文設計：Hinggo Lam
內文協力：輝

出　　　版：今日出版有限公司
地　　　址：香港 柴灣 康民街 2 號 康民工業中心 1408 室
電　　　話：(852) 3105-0332
電　　　郵：info@todaypublications.com.hk
網　　　址：www.todaypublications.com.hk
Facebook 關鍵字：Today Publications 今日出版

發　　　行：泛華發行代理有限公司
地　　　址：香港 新界 將軍澳工業村 駿昌街 7 號 2 樓
電　　　話：(852) 2798-2220
網　　　址：www.gccd.com.hk

印　　　刷：大一數碼印刷有限公司
電　　　郵：sales@elite.com.hk

圖書分類：歷史 / 流行讀物 / 中國歷史
初版日期：2023 年 7 月
Ｉ Ｓ Ｂ Ｎ：978-988-75867-8-4
定　　　價： 港幣 88 元 / 新台幣 390 元